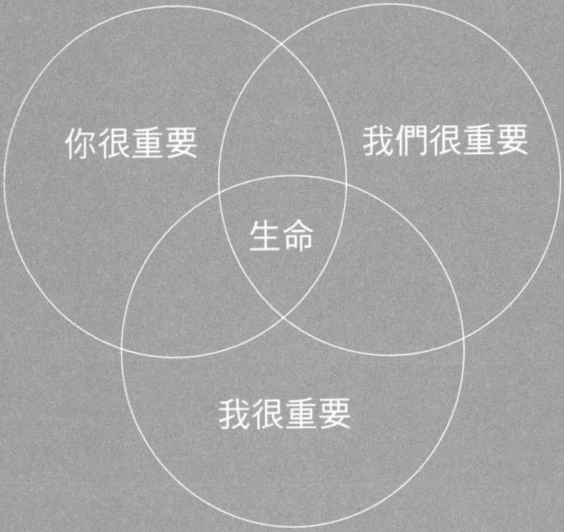
你很重要
我們很重要
生命
我很重要

你很重要！

練習愛別人，才能更愛自己

馬修・艾莫茲安 Matthew Emerzian ◎著
陳冠吟◎譯

目錄

Part 1 我很重要

Part 2

你很重要

Part 3

我們很重要

推薦序

為世界留下愛

何則文

我從小一直在思考一個問題：我們人到底為什麼而活？不論是怎樣的人，富翁還是乞丐，最終都逃不過一死，死後又留下什麼呢？最後都成為塵土而已。

人生是多麼渺小，前陣子我一個親戚伯伯去世，身為作家的我被請託寫他的生平記略，我一分鐘約可以講到二百五十字左右，在公祭上的祭文，大概只能講三分鐘，所以要在八百字中濃縮這個人的人生，我們又能為世界留下什麼呢？人的一生約八十年，對整個萬餘年的人類文明發展來說就好像滄海一粟，如果從地球數十億年的軸線看，那更是微不足道。好像有沒有我們，這個世界都會照樣轉動跟跑跳。那我們存在的目的到底是什麼？

就算我們只看自己的城市，台灣五都的人口約莫兩百萬上下，如果跟衛星即時連線，從google map來看，我們都跟螞蟻一樣，那是何等渺小啊。然而，雖然每個人都會死，但是影響會留下來，故事會留下來。不論我們做過什麼，都會留下足跡。比如影響人類文明甚遠的佛陀、孔子、耶穌、穆罕默德這些人物，雖然早已不在這世界上，但他們的思想仍活著，影響仍延續。

其實歷史上所有偉大哲人跟宗教家等，都在談論一個主題，那就是「愛」。愛能成就一切，因為愛就是一種我因為你的存在而感到喜悅的狀態。所以「利他」幾乎成為每一個宗教的根基，這就是愛的延伸。

我們每個人都很重要，我們都是偉大的宇宙的一部分，沒有人可以脫離這個地球而存在，我們需要彼此，就像我們需要身體中的每個細胞一樣，我們在自己的組織、社會、國家，乃至於全世界都是缺一不可，這個重要性是基於對「宇宙整體」的愛跟認識。

也就是說，我們不能只為了自己的利益而努力，當擁有了影響力，要試圖為他人帶來好的影響，這樣我們的存在才能創造出價值，才能讓這個「很重要」的內在基因，活出使命跟價值。

這本《你很重要！》給了我們走出人生價值跟意義的一個指引。作者馬修．艾莫茲安透過許多讓人又哭又笑的小故事，告訴你，你很重要，你的存在不是一個偶然，也不會是場悲劇，或許你現在遇到很多人生的困難跟挑戰，讓你甚至懷疑起自己存在的意義，但我要告訴你，這是一件好事。

這代表你是你生命的主角，我們看到所有戲劇或者文本，沒有一個主角不遇到困難跟挑戰的，因為一帆風順的人生沒有可看性。這些困難跟挑戰都成為我們的磨刀石，讓我們可以像寶石一般，洗淨外在的雜質跟土屑，砥礪出內在真正燦爛的純色。

馬修給了我們一個很明確的方向，那就是「愛」，我們的價值並不在於我們的出身、長相、財富等等，而是我們可以給世界多少的良善影響，而這一切都可以很簡單的用愛來成就。

如果你的人際關係遇到瓶頸，或者你對你的人生感到疑惑，或許你覺得很疲憊，也曾懷疑過自己，這時候，馬修的這本書，可以讓你看到屬於自己的可能。我相信，當我們成為別人的貴人時，貴人也會因為這樣被吸引到我們身邊。馬修的這本書就用各種實際的例子跟行動方案，讓你學會用愛來裝備自己，也讓自己成為一個值得被愛的人。你其實早已擁有完成夢想的一切所需，只要用一把正確的鑰匙打開這寶箱，你的人生將因此走到另一個意想不到的境界。

推薦者簡介

何則文，作家、青年職涯教練、企業主管。

推薦序

與他人分享喜悅的人生

陳志恆

如果你常閱讀心理勵志類的書籍，一定對這個觀點不陌生：「學會愛自己，才有能力愛別人」。如果你不夠愛自己，無法肯定自己的價值，你便可能在他人身上找尋自己缺少的東西。於是，你對他人付出的愛，常是企圖向他人索求情感與認同，以填補自己內在的空虛。最後，這段關係只會讓你更加失望收場。

這本書就是要告訴你，你需要從自己出發，學會自我認同與自我肯定，因為你生來就是有價值的。接著，看看你周遭的人們，他們也是重要的，特別是你的家人，以及那些你關心及關心你的人。於是，你準備好與他們建立有意義的情感連結。

正向心理學的研究已經明確指出，生活中具備有意義的人際連結，是人生幸福的重要來源。英國記者兼知名作家約翰．海利（Johonn Hari）經過長時間的研究與調查後發現，關於成癮及憂鬱、焦慮等精神困擾的來源，都可以指向一個重要的核心關鍵，就是生活中有意義的連結斷裂了。包括工作、興趣、大自然、人際關係以及對生命意義的追尋，其中特別重要的就是人際關係。

所以，你需要主動與他人建立連結，讓你感受到更多的喜悅。更進一步，你願意為群體利益做些什麼？也就是，為了更大的群眾福祉，你願意付出多少？這是個超越你我個別存在的問題，但卻與你我都息息相關。

在寫這篇推薦文時，正值武漢肺炎疫情嚴峻，人人自危。我有個朋友在醫院裡擔任醫護人員，疫情爆發後，他便調任執行檢疫相關任務。他告訴我，他知道這是個艱鉅的任務，無時無刻都戰戰兢兢，他也感到相當光榮，能為國人的身體健康把關。然而，他有些惆悵地告訴我：「當我母親聽說我在做的事時，十分激動又感慨，她說她很後悔當初要我去學醫。」天下父母心，對孩子生命安危的憂心可想而知。但如果我們都選擇去做最安全的事，都抱著人人自掃門前雪的心態，那麼，如何讓人類群體更進步呢？

當一個人有使命感，也有機會實踐使命時，生命是光彩而有意義的。所謂的使命，通常是超越個人，與群眾利益有關的任務。如果我朋友的母親能夠認同這份使命，她也會為她兒子感到驕傲，因為，她教養出一個有能力與群眾連結的孩子。

我曾在公立學校裡服務近十年的時間，日復一日的教學與輔導學生，過著安逸也還算滿足的生活。然而，我總覺得這樣的人生，似乎少了點什麼。有天，我在父母的反對以及眾人的疑惑聲中，辭去穩定的教職，成了自由工作者，每天透過寫作及演講，宣導心理健康的觀念。

我的信念是，這麼做可以發揮更大的影響力，讓更多人受益；同時，我也感到更加滿足，包括精神上與財富上。如果人生走到盡頭，回頭審視自己的一生時，我想我會十分肯定地告訴自己，當時做了個有意義的決定。

這是一本教你如何透過檢視自我、關懷他人，同時追求群眾利益，而讓你的一生能活得光彩耀眼的好書。正因為你很重要，所以你值得為自己而活、為他人付出，也為群眾盡力，這也與香港心理學者李中瑩老師所提倡的三好原則「我好」「你好」「大家好」不謀而合。

現在，我想邀請你，除了閱讀這本好書外，去找個身旁的夥伴，向他分享你今天生活中發生的一件好事或蠢事；當然，也邀請他分享一些生活點滴，聽他說他的事。你會發現，這是相當幸福的時刻，因為有意義的人際連結正在發生。

推薦者簡介

陳志恆，諮商心理師、作家。

推薦序

創造服務他人的生命

肯・布蘭查德

當馬修・艾莫茲安請我為《你很重要！》寫序的時候，我開心得不得了，因為我是馬修的大粉絲。他是很特別的人，很關心人，希望在別的人生命中做出改變。馬修從生命的低潮爬起，甚至考慮結束生命，但他了解到他很重要，也能影響這個世界。

當你第一次看到這個標題《你很重要！》的書名，你也許以為這本書只跟「你」有關。不完全如此！儘管是從你開始，但馬修的真正目標，是幫助讀者創造一個有目的、有意義的服務他人的生命。最後一個字是重點：服務。當你終於了解到自己很重要的時候，馬修強調，你的重點就不再是自己，而是影響他人的生命。這樣的發現，與我過去四十多年以來，與企業主管共事並觀察到的心得一致。讓我解釋一下。

我遇過很多經理都是控制狂，認為辦公室裡的人都是他們的人，他們希望員工能夠服從階層與命令。為什麼他們會這樣呢？因為他們的控制慾，就是為了補償對自己不滿意的心理。他們擔心心裡的內在小孩不知道自己很重要。

另一方面，好的經理人能夠使人忠心，獲得很棒的成果。他們也樂意服務他人，而不是被服務。為什麼呢？因為在僕人式領導中，他們了解，成為有效率的主管，不是在於自己，而是在於他們服務的對象。這些人會覺得自己很棒，用馬修的話來說，他們了解自己很重要。

馬修的專業就是幫助人們認為自己很重要，而且做得很出色，這就是為什麼我邀請他到我們公司內部，以及對顧客的會議演講。而且說真的，他的影響力很大！

讀《你很重要！》，並吸收馬修．艾莫茲安的中心思想。你一旦了解自己很重要，你就能夠在家裡、組織裡、社區裡創造出一種文化，讓大家都了解他們也很重要。

謝謝馬修，讓我了解到我很重要，我們都很重要。我也一定知道，你很重要！

推薦者簡介

肯・布蘭查德，《一分鐘經理人》及《僕人式領導的實踐》共同作者。

代序

重新活出「我很重要」

「這跟你無關」。這是某本經典暢銷書的第一句話。

它提醒我們，為了找出什麼能激發我們的情緒、心中的熱情、昇華我們的人生，我們必須從一個驚人的事實開始，即「這跟我們無關」。為了成就最美好的生命，我們必須放手，不再認為這跟我們生命當中追求的東西有關。

馬修．艾莫茲安深諳此道，這就是他教的內容，因為他用生命活了一遭。

馬修從加州洛杉磯分校以ＭＢＡ畢業後，就獲得夢幻工作。他身為大型音樂行銷公司的資深副總裁，直接與一些世界級的明星共事或合作。馬修功成名就，交的朋友都是音樂娛樂產業的大咖，進出最私人的派對。

他曾經站在世界之巔，擁有一切。

但他卻感覺好像在谷底，感覺跟這一切沒有什麼關係。

馬修想找尋更大的意義，但他發現那些成功、派對、名聲，都無法填補他生命裡的空洞。他仍處低潮、不滿足，也得了憂鬱症。在歷經無數次輔導後，他收到一本書。書中的第一句話讓他覺得很驚訝：這跟你無關。

這種觀點，是這位具有運動細胞、英俊、成功但不滿足的好萊塢人從沒想過的。在那一刻之前，說實話，都只跟他有關。馬修改變了，開始當志工。他找尋服務他人的機會，看見他人價值的機會，並鼓勵他們看見自己的價值。他激勵別人，讓他們了解他們具有價值，值得被愛與尊敬，而且他們很重要。

漸漸地，他看待人生的觀點有了一百八十度的轉變。馬修開始感謝他獨特的天賦、接納自己的價值、終於認可他生命中那些珍貴的祝福。他真正認識到，自己很重要。

在這本書裡，馬修・艾莫茲安分享了一個很棒又很簡單的觀點，你可以用來改善你的關係、職涯、以及個人生活。他分享了在尋求短暫的成功，以及獲得真正的意義上兩者的鴻溝，他闡述了追求短暫的財富與取得並歡慶無價之寶兩者的巨大差異。

你曾經想過「我真的重要嗎？」你曾經努力付出、影響他人生命嗎？你是否想過，尋找生命中更大的意義、目的跟熱情呢？讀完本書，你將知道，你不是唯一問這些問題的人，這本書也將啟發你，不可否認的、肯定的回答這些問題：你很重要。帶著這樣的信念，你就能夠愛真實的自己，擁抱你的天賦。以愛為動力，你不只將擁有勇氣去發揮天賦，還能保證那些好運認識你的人，也會知道他們很重要。

這本書能提醒你，你很重要。現在，將這個信念付諸行動吧！

代序者簡介

約翰．歐萊，《你的人生，不能就這樣算了！》作者

前言

跌倒同時前進

你對事情的感受深刻嗎？

如果你跟我一樣，那你也是個高敏感的人。有時我認為這好像是一種詛咒。在那些黑暗的日子裡，負面的感覺揮之不去。但現在我有了新的看法。我視之為榮耀的勳章，因為現在我知道當人的感覺是怎麼一回事，讓我能夠以新的角度看待人事物。別誤會，我並不是靈氣治療師或者靈媒，但我曾經受過深深的創傷、抑鬱與焦慮。我經歷過生命不同的階段，從「生命真美好」到「生命充滿災難」、到「哇，原來這就是生命！比我原本想像的還要多更多。」

過去十年來，我在美國各地分享我的故事，觀眾從五十人到五千人不等，包含學生、教育工作者、員工、執行長、罪犯、退伍軍人、家暴受害者、教徒、志工、意見領袖、參加TED演講的人……，我傳達的訊息絲毫不變。我相信所有人都是一樣的，想要被愛、想知道我們生命的目的與意義，想要被看到、被聽到，想要為世界付出、想要有價值、覺得自己夠好了、希望我們的話語跟行為具有意義、想知道我們是特別的。

但問題是，很多人並不這樣覺得。我很清楚，因為我也曾經和他們一樣。但我也知道，所有的人都有能力，而且我們也將會這樣做。

在本書中，我會在介紹這一章時講述我的故事，讓你了解我的背景。在一、二、三個部分，我們將一起探討一些想法和步驟，讓你能了解你的價值和生命的價值。我會分享一些我的生命故事，以及那些我遇過的人的故事。

我也建議你在讀這本書的時候，準備一本日記本。在介紹之後的三個部分，我會提供一些你能做出的正面行動，寫日記的提示，有助於你寫下該章節的心得，或者幾則談話的範例，你就能跟朋友，或者跟小組成員不但讀這些內容，還能一起討論。這些行動要點、日記提示、或者談話範例，能幫你將本書中的概念應用在生活裡。讀這本書很好，但若能將書中技巧運用在你的人生裡，你將徹底改變，就好像是我跟你說你很重要，跟你自己親身經歷，兩者截然不同。

我寫這本書的時候，對你期望很高。我希望這本書能夠帶領你，對你自己及你做的選擇有更深的認識。讓你有能力「走到那裡」，也會解釋一些私人的，或者社交方面的艱澀議題。我跟你分享的故事會讓你微笑、大笑、哭泣，或者作夢，或各種類似這樣的情緒，跟我當時經歷時所獲得的情緒一樣。最重要的是，當你讀完最後一個字時，你不僅受到啟發、受到鼓勵，也將煥然一新。因為你很重要。一旦你認識到這件事，你的生命將永久改變。當我們夠多人認識到這件事，我們就能改變世界。這就是我對你，以及對世界的期望。

你很重要。

人生徹底翻轉的那個星期一

我人生的谷底，發生在一個星期一的早上。

在某個星期一早上，我綁著查克泰勒帆布鞋的鞋帶，準備出門上班時，就覺得有點不對勁。我一睜開眼睛就察覺到了，但還不知道是什麼。這種感覺前所未有，因此我覺得更不舒服，我感受到的症狀也加重了。我生病了嗎？是流感？不是，感覺不一樣。更沉重，充滿恐懼。

我從床前的松木箱緩慢起身，有點害怕往上看，或者檢查我周遭的環境，以及我自己的狀況，事情就發生了。我眼前彷彿只看得到隧道口，心跳開始加快、手臂跟額頭冒出粒粒汗珠，呼吸變得急促，我受到了創傷。

這會是心臟病嗎？我要死了嗎？這會是我人生的最後一天嗎？我獨自在家，嚇壞了，快速跑到前門，查看我鄰居是否在家。我需要幫助。我第一個想法就是打九一一，但我怕他們來了，只看到一具三十一歲的冰冷屍體躺在自家木地板上，我認為直接開車到醫生辦公室還比較快。我跳上車，在路上，我便開始自我說服。**馬修，冷靜一點，你很健康，如果是很嚴重的話，你早就死了。**我說服自己一切都會沒事。當感覺好一點時，我決定不去醫生那裡，改去我爸媽家。

很明顯地，我的思緒有點錯亂。首先，他們住在車程五小時以外的地方，還不包括塞車的時間。但當時是南加州早上八點，在這種交通忙碌的時段，差不多要開七個小時。我一開到高速公路，滿滿的車子一輛接著一輛，我便哭了出來。我崩潰了，那種驚慌的感覺又回來了，且更為強烈。

我試著打給我爸媽，但一個字都吐不出來。我卡住了，淚眼迷茫，在南加州典型五線道的高速公路上動彈不得。

到了這個時刻，我再也承受不住我的症狀。我試著逼自己駛離高速公路，開在分隔帶上，直到交流道出口，再度轉向醫生的辦公室。

抵達醫生的辦公室，就好像在沙漠裡看到綠洲，我不再是孤單的。雖然仍舊害怕不已，但不是獨自一人。護士先幫我量血壓，在肘關節上插一針、抽了幾管血、用聽診器聽一下，再給我杯子集尿。我的注意力難以集中，也沒辦法坐穩讓他們好工作。他們的聲音在我耳邊迴盪：「放輕鬆」「一切都會沒事」「馬修，深呼吸。」

終於，我的醫生走進那間小小的檢查室，檢查室感覺只有掃把櫃大小。他很溫暖、很照顧人，又充滿智慧，總是能讓我緩和下來。一看到他的臉、聽到他的聲音，我立刻感到安心。

「馬修，你沒有心臟病，你的心臟很健康。」他說。

我鬆了一口氣，但也感到困惑，我發現他下的結論產生了未解的問題。「那我身體有什麼毛病？」我問他：「我從來沒有經歷過這種感覺。」

醫生開始問我生活狀況。他問起我的工作、私生活，以及我的習慣。我們討論維持平衡、休息、健康的生活習慣有多重要。我們討論的所有事情都跟我的心臟沒什麼關係，而跟情緒、心靈層面的那顆心有關，那個在內心深處脆弱的、我們經常關起來的地方。

他建議我回家休息。一旦我感覺好一點，在接下來的幾天，他要我花點時間，問一問自己跟生命有關的、困難的問題、生活的重要性、目的與意義。我問為什麼要我思考這些問題時，他讓我看了診斷報告。

「你有憂鬱症，也有慢性焦慮症，」他說：「不管你現在做什麼，你得改變。」

我當時還不知道，從那個星期一早上，我的生命將永遠改變。

身為「人」最大的期望與恐懼

我相信我們來到這個世上，身上背負的期望相同，即想要成為好人，也想要感覺美好。我們是人類，自認為是這個宇宙以及其他宇宙的主宰。我們想要快樂、想要健康，盡可能避免受到傷害。健身步驟的海報上面寫著：沒有痛苦，哪有收穫。我們寧願上面寫：沒有痛苦，就沒有痛苦。這樣不是簡單多了嗎？逃避疼痛或者危險，是我們的天性。這就叫做「打或逃」，如果我們能作主的話，絕對不會允許這樣的情況發生。

我們最大的恐懼就是死亡，如果我們能作主的話，絕不會走向死亡，我們亦極度狂熱實現不老的願望。抗老產業目前每年規模超過一千五百億美元，在未來幾年內將超過三千億美元。我們有肉毒桿菌、抗皺產品、防妊娠紋的產品、美白治療、抽脂、化學煥膚、氧氣艙、維他命注射、植髮、微晶磨皮、雷射美容、抗橘皮治療、高週波抗老儀器等產品和療程，族繁不及備載。各式各樣永保年輕的方法，就算要在身上施打一些有毒物質，我們也接受。但這只提到等號左邊的生理層面，而且老實說，我還沒見到有誰真的成功抵抗時間老人。

那人生中的心靈、情緒的層面呢？我相信我們也希望能夠開開心心，希望生活愉快。在人生剛開始的時候，我們做得很不錯；人生美好，我們吃、拉、睡。我們曾天真無邪，生活就像是一場冒險，充滿驚奇與好奇。

價值觀的改變與生存競爭

到了某個年紀後，天真的氣息散去了，我們的注意力轉移了，人生依然美好，但變得比較複雜。我們開始感受到新的感覺、思想和改變。我們開始在個人及社交層面有新的認知。從國中到高中的六年間，從七年級到十二年級，是充滿發育疼痛的時期。我們的身體改變，發現某些器官，並了解這些器官帶給我們的感覺。我們必須更上一層樓，不管是體能、學業，或者其他的社會建構。我們享受第一支舞跟初吻，也經歷第一次心碎。

不僅如此，我們還會面臨各種「友善的」競爭，像是返校日、畢業舞會、畢業紀念冊的提名、美國國家高中榮譽生會、學生會等等，我們對於價值的認知再度受到考驗。一有比較、競爭，不安全感隨之而來，我們開始建立私密的安全泡泡，將傷口藏於其中。

高中畢業後，我們繼續遵守規定，上大學、找工作、想結婚，建立美滿生活。我們試圖讓父母驕傲，並批判那些不遵守規則的人。

但發生什麼事呢？因為我肯定無法感到滿足。求好表現的壓力沉重得讓我無法負荷。我負債，與我那些同樣遵守規則的朋友不同，我「運氣好」得到一份工作。為什麼沒有人跟我們講故事的全貌？為什麼高中輟學的人成為大富翁？為什麼 I G、Youtube 網紅只要展現自己，就能夠賺進數百萬美元？怎麼就沒人告訴我，人生充滿失望、心碎、失敗、未實現的承諾以及傷痛？為什麼我們就只能振作、把臉皮練厚一點，想想過去的世代經歷過更糟的情況，像是在雪地裡赤腳上學，並一路走上坡。人生好難，挫折不斷。我們身旁的泡泡長出更厚的壁，我們變得內向，因為我們覺得這樣比較安全。

保持「安全距離」讓人更孤寂

當獨自遇到內在掙扎時，我們往外看，保持安全距離，想找答案，但卻遇到更多疑問：像羅傑斯先生這樣的好人去了哪裡？「天才老爹」比爾．寇司比怎麼能做出這樣的事？為什麼羅賓．威廉斯會自殺？警察有種族歧視嗎？政客真的關心我嗎，還是只是想得到我的選票？我們真的選出一位以抓女性下體為樂的總統嗎？我還能安全地逛跳蚤市場、運動賽事、演場會，或者坐飛機嗎？我們的環境受到危害嗎？更大、更強、更快，真的就更好嗎？為什麼每個人都問我做什麼，而不是我到底是誰？成功就代表金錢、權力、影響力跟受歡迎嗎？我排名第幾？為什麼教職不是一份值得讚賞的工作？那當社工呢？財富和名聲是否只屬於職業運動員、名人，跟政客呢？在美國，是否是百萬富翁跟破產二擇一？那就是夢想嗎？那快樂、目的、成就感、和平、人際關係、或者幸福呢？

我只是希望感覺良好，但我覺得不好。我好累，只想消失。我們身邊的泡泡壁變得更厚了，我們變得孤獨、困惑、跟自己的距離，以及跟身邊的世界距離越來越遠。如果這些都還不足以打敗我們，我們自己建立起來的孤獨也一定會使我們崩潰。

現在，我很清楚不是每個人都會問這些問題，這些問題對某些人來說可能太誇張，我知道我們每個人的旅程都不一樣，來自不同起點，但我百分之百相信，世界上一定有人在生命的旅途中，遇到這些問題，而且我們每一個人都想要健康快樂。這就是為什麼我的人生任務就是幫助別人了解他們有多重要，以及為什麼他們很重要。有什麼比這個更重要的呢？

自我放棄vs.自我膨脹

到了晚上，瀏覽新聞，就會讀到許多人性掙扎的故事，對我來說，最值得一提的是，我們所看到、讀到的悲劇新聞，都是一個人、一個活生生的人做出的宣洩行為。如果我們能倒帶，了解一下情況，我確信我們會找到這兩種類型的人，一種就是認為自己微不足道，也認為世界上其他人不重要。這樣的人很容易感到冷漠、沮喪、漠不關心、放棄希望。**算了，讓別人處理吧。**我為什麼**要煩惱呢？不是我的問題。**另一種人，就是真的相信自己很重要，但基於錯誤的原因。他們自私、自戀、不顧他人感受、自我膨脹。**你知道我是誰嗎？我有**

錢有權，我照著自己的規則走，我不會被擊敗。這兩種類型的人截然不同，所遇到的困境一樣，即不知道他們為什麼重要，以及有多重要。結果，就是我們現在看到的這樣。

我知道這些，因為在我人生的不同階段，我曾經是這兩種類型的人。我曾經自戀過，也憂鬱過。我曾經冷漠，只關心成功。我不認為這讓我成了壞人。我只是覺得這就是我身為人的一部分。但我改變了，所以我相信我們都能夠改變。

接納自己，才能更愛別人

我們生下來不是為了這樣的事，你生下來也不是為了這樣的事。是為了更偉大的事。你想做好人、做好事、感覺美好。所有人皆如此。但或許你有點迷失方向，或許你掙扎著尋找目的和意義。或許好日子沒有你希望的那麼多，或許你正遇到生命的轉折，或許你從未接受自己是多麼棒的一個人，或許你的童年過得並不好，或許你在人生的後半場，想尋求更多，或許你跌到人生的谷底，像我之前那樣。

如果你不是想找尋一些現在還沒有的東西，你就不會讀這本書了。可能你心中有個缺口、靈魂曾經受過傷，但又帶有一絲希望與信念，相信一定會有答案。首先我要恭喜你，已經在尋找答案的路上，我要讚美你，因為這是勇敢的一大步。再來，我想告訴你，我希望這本書能給你在找的答案，可能是部分，或者全部。我希望你能夠接受自己、了解自己很重要、去愛人以及被愛、保持希望、保有目的、由內而外的喜歡鏡子裡看到的自己，接受自己是非常有力量的，為世界留下一點什麼，也知道你的生命是有意義的，而且這個世界因為你而更美好。

人生就是不斷的選擇

當人很困難，最根本的原因，可能是因為我們並沒有選擇這個人生。並不是說我們某一天決定要被生下來，然後我們就開始第一次呼吸，並不是這樣。但並沒有選擇被生下來，不表示我們不能選擇如何生活。

我們都知道「人生就是不斷的選擇」。我彷彿在耳邊聽到電視節目「來做個交易」的台詞：「強尼，三號門後面是什麼呢？」平均每位成人每天做出超過三萬五千個選擇，一年下來，就是超過一千兩百萬個選擇，一輩子下來，剛好接近十億。當然，這些大部分的選擇對人生方向沒有長遠的影響，我不確定如果我穿藍襪或者黑襪對我的未來會有什麼影響，但有很多選擇，對未來的影響就很大了。

一九九七年夏天，我需要做出一些像這樣的大決定。我剛從加州大學洛杉磯分校的安德森管理學院拿到ＭＢＡ，必須做出職涯上的抉擇。我去過幾間公司面試，也有一些選項了，但我其實心裡沒有那麼想去那些公司。當然，名字後面掛著ＭＢＡ三個字，可以讓我領到高薪，但我感受不到對這些工作的熱情。事實上，我從來就不覺得我像商學院的人，我每天都問自己，我為什麼會在商學院？但到了人生的這種時刻，我也很習慣邊掙扎邊找尋我的道路，而在我過去的人生一向都是如此。但最終，我仍然需要做決定，並希望這次我做的決定是對的……可是我能做出對的決定嗎？

從默默無聞到紙醉金迷

在某個初秋的夜晚，我的朋友安德魯與大衛邀請我去他們的公寓，跟一群朋友一起看週一足球夜，但我不知道他們有所安排。在用披薩、啤酒把我餵飽後，還有一些吸起來有趣的東西，他們就問了：「馬修，我們想邀你當我們樂團的經紀人，要加入嗎？」那時候，海水分開、星星連成一直線，我終於找到生命的意義。我們在達美樂的紙巾上簽了一份正式合約，後來的事你們都知道了。我的工作就是讓維吉爾樂團成為下一個Ｕ２，沒什麼大不了的。

我們努力工作，樂團成員不管在錄音室或者舞台上，都表現得精彩絕倫，使我們獲得百萬美元的唱片合約。但從唱片公司那裡收到幾個月的支票後，就再也沒收到任何錢了。我聯絡不到唱片公司裡的任何一個人，我們開始覺得恐慌。樂團的人需要這筆錢來付帳單、樂團開銷以及吃飯。很明顯地有些地方出了差錯，我們原本一帆風順，但動力卻停了。經過幾週的努力，我終於發現，唱片公司被抽了資金，已關門大吉。失去百萬美元，也沒有專輯可出。美夢已碎，好幾個人的人生完全天翻地覆，黑心商人摧毀了他人的人生。我完全失去方向，不知如何是好。在這個時候，有人建議我去見羅伯特・卡戴珊，我從O・J・辛普森的案子認得他的名字跟他的臉，我知道他是「夢幻團隊」裡的律師之一，但我不知道他創立一家非常知名的音樂行銷公司，而且他從一九七〇年代就不再執業。他會成為辛普森案裡的律師，是因為他跟辛普森從南加州大學就是非常要好的朋友。

當時的計畫是去見羅伯特・卡戴珊，因為他簽下了當時所有主流跟獨立樂團的合約，如果我能跟他做朋友，他或許能幫我和維吉爾樂團建立關係，認識其他藝人、錄唱片。我猜當時我可能以為這會像農場團隊一樣：我帶新人過來，他搞定合約，然後我們發展事業，達成夢想。

我第一次見到羅伯特的情況仍歷歷在目，猶如昨日。我記得他大大的笑容、歡迎的眼神，黑髮中的銀色髮絲，以及他的幽默感。我記得他把我帶回辦公室，牆上掛滿黃金與白金唱片獎牌，還有一組真人大小披頭四立牌。

從我們初次見面，羅伯特就對我非常親切，我們坐在他的辦公室裡，他問：「所以你是誰，我要怎麼幫你？」我跟他說我是樂團經紀人，想要做大事，希望他能跟我一起做這些事。我也放了一些不同藝人的試聽帶，但主要是希望他能夠喜歡維吉爾樂團。但很可惜，羅伯特並沒被音樂吸引，但他的確很喜歡我，所以給了我一份他公司副總裁的工作，而我當然就答應了。替羅伯特工作，就代表在音樂產業裡，以截然不同的高度做事。他認識所有人，所有人也都認識他並喜歡他。我們有一個小團隊，通常包括他的小孩，金、考特妮、克羅伊，以及小羅伯特。我們製作了電台節目、在大銀幕播放音樂錄影帶、發行DVD以及現場活動。我的工作涵蓋所有主流跟獨立樂團，更確切的說，像是U2、酷玩樂團、雪警樂團、基音樂團、艾薇兒、黑眼豆豆、提姆・麥克羅等一長串的名單。

我白天在公司工作，內容包含老闆小孩的名人朋友來辦公室參觀，和他們帶來的滿滿活力。下班後我跟維吉爾樂團一起工作，不然就是參加一些名流舉辦的晚宴或活動，這些活動都一個接一個的續攤。這種生活就是HBO影集《我家也有大明星》的靈感來源，我當時就是過著這樣的生活：喝酒、抽菸、物化女性、熬夜、在天使之城裡面活得多采多姿。

鎂光燈下的虛幻人生

那是一個滑坡，而我跟最美好的東西一起往下墜。那種產業似乎就是用這樣的方式照顧你，充滿自我意識強烈、自戀、心碎、邪惡勾當，但又有這麼多的誘惑跟鎂光燈。紅毯跟好萊塢山莊就是VIP會去的地方，所以我開始在那裡流連。

為了餵養心中的野獸，我會回老家，加州莫德斯托，那裡人人想聽我的故事，畢竟像莫德斯托這種農村小鎮，這種事情絕對不會發生。我們在運河裡游泳，在果園裡玩樂。

我與名人的密切接觸，讓我自以為我比實際上還重要，也灌輸了我對「成功」的看法，即大多數美國人對於成功的看法。看著這些名聲與人氣，我心想「這很重要」，看著我新交的名人朋友，心想「他們很重要」，看著尖叫的粉絲，心想「那也很重要」，所有這一切加總起來，我就覺得「我很重要……對吧」？

但在這種重要的假象之下，一種空虛感開始侵襲著我，我在痛苦中發現，我建立的人際關係是很孤獨的，且大多數都是空泛膚淺的。某個週六下午，我在好萊塢山莊裡一場灑滿陽光的泳池派對裡，名流、名模、百萬富翁來來去去，很典型的成員。我坐在池邊，環顧四週，觀察人群，發現派對裡的人差不多五十幾歲，但他們仍然展現得、假裝自己看起來很重要。這就是我二十年後會成為的樣子嗎？我未來注定要成為那種絕望的人嗎？

我開始感受到一種奇異的感覺，我離開泳池旁的躺椅，向泊車小弟拿了車鑰匙，便逃離豪宅，跳上車，開回家。這種感覺在我回家後就消退了，但我只得到片刻的寧靜。我逐漸了解，我追尋的只是一些虛幻的煙霧，便開始質疑一切，包括自身的價值，而我不知道的是，我即將面臨精神崩潰。

幾週之後，一些共同好友幫我安排了一場約會，他們覺得這個女生會是我的真命天女。我得慚愧地承認，我記不得她的名字，也記不得去了哪家餐廳，我記得她甜美、親切、美麗。但我也立刻想到她不是那個對的人。更重要的是，那個感覺再次襲來，那種「我必須快點離開這個地方」的感覺，跟好萊塢泳池遇到的一模一樣。我背後開始滴汗，雙腿發軟，掌心黏黏的，視野變狹窄。我快速地多喝幾口雞尾酒，想鎮定下來，但無法抵抗這種感覺，我需要離開。我很抱歉中斷這場約會，也有點擔心她會對那個認為我們適合在一起的共同朋友講什麼，但我真的需要回家躺在床上。我只想睡一覺，希望醒後感覺會消失。

不幸地，睡一覺無法阻止隔天早上所發生的事，而隔天，也就是改變我生命的那個星期一。

生活的毀滅與重生

在那個地獄般的週一早上之後，事情沒有好轉，而且老實說，還變得更差了。我拒絕服用醫生建議的藥物，認為這一切都會過去，我就能回到我工作上的滑坡。我想，醫生跟我說「不管我在做什麼，都應該要改變」，他說的是真的。但困難的地方在於當局者迷，所以我不知道我正在做什麼，又應該做什麼改變。

我夢幻般的生活開始毀滅。我在各方面一敗塗地。我失去胃口，也睡不著覺，到了晚上，妄想症發作得很厲害，我關上家裡所有百葉窗簾，好讓自己不會想到天空、黑暗正籠罩著我。開車時壓力也很大，因為我知道我受不了塞車、可能就差那麼一點，我就會把我的車停在路中間，跑回家。我也害怕自己會把車開到時速一百二十八公里，隨意扯動方向盤，以解怒火。我真的非常絕望。

但慶幸的是，爸媽擅自決定陪我一個月。我爸先從莫德斯托過來陪我頭兩個禮拜，然後他們再交換。我記得我爸載我去我第一場諮商。我一點都不快樂，感受到核心溫度直線升高，懷著生氣、恐懼、尷尬的心情，可能也不是最適合諮商的溫度；在同一時間，我感到軟弱，承認自己需要幫助。感謝上帝，我愛我的爸媽，握著我的手，牽我走。

我的治療師叫丹妮絲，那天我們花了好幾個小時，隔天也是，還有之後的好幾週、好幾個月跟好幾年。我非常幸運，因為我一見到她，就知道她是最適合的治療師與教練。我知道她將帶著同理心和同情心，不會輕易受影響，指正我的錯誤——完美。丹妮絲與我有一項非正式的協定。我幫她付女兒的大學學費，她來拯救我的人生。我認為這是個雙贏的交易，我稱她為「我的貴人朋友」。一開始，便是處理那些往船上甲板上猛灌的水。船沉的速度太快了，我們需要補的破洞太多。經過幾個月的努力，一旦我們達到比較平穩的狀態，我們便有系統地整理我的人生、看法、感覺、動力、目標與需要。

有一天丹妮絲和我說，她想要為我的療程下一個座右銘。她從桌上向我推了一本書過來，要我讀書中的第一句話，也就是「這跟你無關」。

你可能在華理克的著作《標竿人生》讀過這句話，丹妮絲接著說：「馬修，如果你無法了解要如何過著不是關於你的人生，就永遠不會好起來。」有意思，很新奇，也令人困惑。我坐在這裡，心裡充滿沮喪、為焦慮所困、偶爾還有自殺的念頭，怎麼會跟我無關呢？但突然之間，一加一不再等於二。我除了是個受傷的人，我也是那個尋求她幫忙的人。一個自戀的人在世界上最自戀的產業工作，這怎麼會跟我無關呢？

新型治療法——撿垃圾

我記得的下一件事，就是我花好幾週、好幾個月的週六早上，做一些跟我無關的事情。我的治療解方中的新嘗試：去幫遊民送餐、唸書給老年人聽、撿垃圾、替塗鴉牆上漆、寫信給退伍軍人。出於某些原因，我的困頓逐漸舒緩，在週六早上的市區裡面活動，讓人心情平靜。整座城市仍在睡夢中，我認識了開 Meals on Wheels 送暖的駕駛、遛狗的人、星巴克的早班員工，我不戴耳機或聽音樂，只是享受走在路上或者撿垃圾時當下的景色、聲音，或者味道。只有我，我的橡膠手套、垃圾袋、壓低的棒球帽、大大的太陽眼鏡。當然，我還是有名聲需要維護。

有一天週六早上，我在撿垃圾的時候，接到一通公關界的朋友的電話，他們正要去好萊塢山莊的一個泳池派對，感覺很熟悉嗎？他問我要不要加入，我脫口而出：「不用，謝謝。我在撿垃圾，我過得不錯。」

掛掉電話之後我心想：「天哪，我剛把祕密說出來了，我得的病。」原本只有一些親戚和較親近的朋友知道我的情況，但就在剛剛改變了。說時遲那時快，奇妙的時刻、電光一閃，天啊！我突然被點醒了。我終於懂丹妮絲給我的療程座右銘了。

我了解到，撿別人的垃圾，跟我一整個禮拜做的其他鳥事相比，實際上是有可能找到更多意義、目的跟重要性。透過服務他人，我就能找回自己。過一個不關於我自己的生活，實際上能夠讓我把自己找回來。

就是那個時刻，我的生命又重新迎接希望。就在那個時刻，我開始相信我可以過著長久、健康的生活，遠離痛苦、擔心、焦慮、憂鬱，那些過去幾年曾占據生命的東西。我終於知道該如何活出有意義的生命，我也迫不急待與全世界分享，因為我知道我在這個稱為「生命」的旅途中，不是孤獨一人。

從受創傷到被祝福

我在威爾夏爾大道的人行道上戴著橡膠手套、拿著垃圾袋，對生命有著全新認知的奇蹟時刻後的幾個禮拜，我跟同事走回公司路上時，注意到路旁的排水溝上有片垃圾。據我同事說，他完全不知道我在週六早上是半專業的祕密清潔隊員。我立刻蹲下來，撿起那張皺皺的紙。我同事問為什麼要撿別人的垃圾，我試圖解釋幾週前經歷的大突破，但那個討論很快地以爭吵作結。他說：「老兄，你真的很奇怪。」

我很不高興。回到辦公室，我打電話給朋友凱莉，想要分享一個突然閃進我腦海的念頭。「我是馬修，我想寫一本書。」我很開心地跟她講。但她回說：「馬修，你根本都不看書，要怎麼寫書啊？」她說的也是事實，但我接著向她解釋，我想寫一本書，告訴大家一個普通平凡的人也很重要。我們每一個人都很重要，大家共同參與時，就能改變世界。

我是這麼想的：我花一秒鐘撿了一片垃圾，如果美國的三億多人都撿起一片垃圾呢？雖然是共同的一秒鐘，但就會有三億多片垃圾被撿起來。如果每個人都撿五或十片呢？如果我們讓學校、公司、教會、朋友或家人都一同參與呢？這只是數字上的問題。如果我們更常笑、種樹、捐血、寫感謝的話，照顧好自己的身體呢？這些都是假設性的問題。我原本想的書名是《你為什麼不？》，我寫在書裡的行動非常簡單，人人都會，但為什麼大家不行動？最後我跟凱莉一起列出「你為什麼不？」的行動清單，差不多寫了一百多項，最後那本書裡有一百五十項行動。

我爸打給我，告訴我他對我的書的看法。他說：「我覺得你的書名有點負面，不夠激勵人。你應該換一個比較樂觀、正面的書名，像『每週一都重要』之類的。」一下子，那本書就換了新名字。我們讓人在一週的開始就受到啟發，不要再TGIF（Thank God It's Friday）了，我一直都認為這個概念有夠蠢，但我們居然還有一間叫做TGI Friday的連鎖餐廳，真是想不懂。我們不是只從星期五晚上一直到星期日下午一點才活著，接著害怕下個星期一的到來。每一週的開始，就是在生活，而且我們一天比一天活得更好。

我們從清單中挑出五十二項行動，寫下《每週一都重要：改變的五十二種方法》，並被出版商收購了。這是一本簡單的指南，讓人每星期都能投入一些比自己的事更偉大的事情。跟丹妮絲要我做的事情有點像，對吧？如果這對我有效，對其他人應該也有效。而我們很快就發現成效了。

寫一本能救人一命的書

那本書出版後一個月，我收到一封叫達比的單親媽媽寄來的郵件，她與我分享一個故事。她在路上開車的時候，發現有輛車停在路邊，有一名女性上半身掛在車外。達比停下車，想知道那名女性是否車子有問題。她後來發現對方的車子其實沒問題，她是想自殺，她只是在等著鼓起勇氣朝路上的車跳，而達比出現了。達比在她的郵件裡附上一張那名女性寄的感謝函，謝謝她救了她的命。在結尾，達比說：「如果不是你的書，我可能不會停下車去幫她。」

我從來沒想過我會出書，更別說一本真正救人一命的書。但這就是一個預兆，告訴我應該離開音樂產業，而把每週一都重要（EMM）打造成家喻戶曉的品牌，過著有意義的人生。一開始我只有一個人，失業，在家工作。感謝主，Subway那時推出一呎五美元的促銷，我午餐吃Subway，晚餐只花十美元，真划算。一點一滴，開始成長，我建立了Myspace頁面，有越來越多人加入。可憐的Myspace……至少我覺得Myspace對「每週一都重要」蠻有幫助的。有人邀我在The Modesto Bee上寫專欄，讀者確實很多。那個專欄後來便同步刊登於全國的報紙上。從音樂產業執行長改行當專欄作家……有誰想得到呢？之後，我收到一封來自哈博製作公司的信，當時我並不知道，演員佛瑞斯．惠特克買了我的書，帶到歐巴馬總統在華盛頓的第一次就職典禮，而且佛瑞斯將這本書送給歐普拉。什麼？竟然是歐普拉？我後來與哈博合作了一年，在歐普拉網站（Oprah.com）與她的電子報Spirit介紹了新的星期一。

從一本書到一間公司

突然之間，我發現我在自家以外的地方，進行了一項小型「運動」。之所以稱為「運動」，是因為我認為這個詞彙有點被濫用，但我的確還沒開始經營一間公司，所以我得選一個詞彙來稱呼。爾後某些關鍵的發展，讓那本書發展成一間真正的公司。

買書的老師寄信問我有沒有教案，因為他們希望學生從中學到自我責任、社會責任，所以我們跟一些加州中部的教育界人士合作，打造「EMM K12教育計畫」並販售。此外，我曾經去演講的公司也來問我，他們想要一些教育訓練的例子、員工投入、企業文化，所以我們發行了「EMM企業投入計畫」，並與全國各地的公司合作。「每週一都重要」現在有辦公室、員工、發薪水、提供健保。不知為何，雖然順序有點不對，「每週一都重要」成了有點重要的東西，但就在一切都準備妥當，發展出自己的步調時，又發生一件改變我的關鍵事情。我受邀至一群讀《每週一都重要》的重刑犯前分享經驗，那本書是他們修復式正義計畫的一環。

與重刑犯分享人生經驗

我永遠不會忘記，當法官問我是否準備好要見這些重刑犯時，我一說「當然」，門便打開，一群穿著囚服、腳鐐、腰鏈，穿襪子、夾腳拖的男女囚犯走進來。他們坐下之後便盯著我看。法官嚴厲地跟他們說：「這位是馬修，你們看的那本書的作者。馬修，開始你的分享吧！」

我有點嚇到。我從來沒看過任何人被鏈條綁著，我的心碎了。我頓時說不出話來，但我感覺得到，我能做的事，就是讓這些人知道他們非常重要。我已經不記得我在那十五分鐘的談話裡確切講了什麼，但明顯有效。我講完後，一位重刑犯站起來，說：「從來沒有人跟我說我很重要，這就是為什麼我現在在這裡。」語畢，我看到一個六呎高、重三百磅的男人淚流不止。

對我來說，「每週一都重要」跟數字息息相關，如果因為EMM，我們可以證明垃圾變少、更多志工，這個變少、那個更多？舉例來說，裡面有個星期一的建議是這樣：「不要亂丟菸頭。」我在寫書的時候知道，每年美國人抽了三億根香菸，更糟的是，其中一億個菸頭被到處亂扔。我量一下菸頭的長度，如果你把這一億個菸頭排在一起，是從洛杉磯一路排到紐約的三百三十七倍。基本上我們就是每年在美國境內搭一條菸頭高速公路，然後我們會開始爭吵世界上是否真的有環保議題……抱歉，我離題了。我的想法是，如果因為EMM，菸頭的數量從一億降為九千萬呢？或八千萬？如果我們能夠改變這些數量會怎麼樣？

但這位重刑犯，一個我不知道名字的人，我這輩子可能再也不會見到的人，改變了我看EMM的方式。沒錯，亂丟垃圾是環境悲歌，但這位重刑犯讓我知道，最大的悲劇，就是丟出那一億個菸頭的每個人，都不覺得那有什麼大不了，他們也不相信自己很重要。換言之，我們的環境議題其實只是人的問題，跟世界上其他所有問題一樣。所以若是改變人們對自己的看法，了解到自

己有多重要，我們就能改變世界。換言之，我們可以由內而外的改變世界。真讓我大開眼界。

有了這個新的認識，我便開始讓「每週一都重要」從營利的公司轉型為非營利機構。我不再持有這間公司，我只是在那邊工作。非營利組織沒有所有人或者產權。我們的任務是建立一個世界，讓大家都知道他們有多重要，以及重要的原因。我們發行了全新的教育計畫，現在全美有一百五十萬學生使用。我們繼續跟公司合作，幫助他們創造一個讓員工覺得自己重要的企業文化。我們正發行長者計畫，預計在支援性住宅社區推動，讓銀髮族在晚年能夠重新認識到自身的重要。去年，在我第一本書推出的十年後，我出了第二本書《每週一都重要：如何帶有熱情、目的、積極地開始一週》。現在又出了這本我一直想寫的書。不知為何，我的崩潰變成了一種祝福，而且我完全不後悔有過那樣的經歷。

我坐在這裡打字的時候了解到，過去二十年間我所經歷的一切，好的、壞的、醜陋的，都引領我走向這本書——你很重要。這本書不一樣，內容更深，更私人。我知道我在崩潰之前過的生活很輕鬆。我當然有低潮，當然曾經心碎，失去過朋友、寵物與家人。但大多時候，我的情緒都很正面樂觀。如果我們將情緒放在一個量表，左邊是好到不能再好，右邊是差到不能再差，我大概只經歷過左半邊的75％，右邊的25％留白。

但那個週一早上，讓一切都變了，我知道右邊那25％有什麼。我知道絕望、無助、失去希望的感覺。我現在了解為什麼有人會自我了斷。很幸運的，我沒有這麼做，但經歷過這些情緒，讓我有了全新感受，知道當人類的感覺。這改變我看人的方式，因為如果這發生在我身上，就有可能發生在其他人身上。照理來說，我的人生看起來很棒，但在最深處，其實沒有什麼不同。這讓我學到以前從來沒有的、深層的同情心跟同理心，因為我不希望任何人有跟我一樣的經驗……但我也知道，他們可能正經歷著類似的事情，或者曾有過類似的經驗。

我知道我建立了「每週一都重要」，我出書、開公司，現在成為非營利機構，但跟科學怪人的故事一樣，「每週一都重要」也成就了我。它讓我成為更好、更完整的人，挑戰我、啟發我。我雖然受邀，激勵他人，但在這趟旅程中所遇到的人事物，也一樣激勵著我，改變了我，程度甚至達十倍之多。

這本書不只讓我有機會分享我的故事，更重要的是，分享我從別人身上學習到的一些寶貴經驗。我承諾協助你，完整的接受自己有多重要，以及重要的原因，我相信這本書能夠幫你達成。因為，無論你有沒有意識到，你對自己而言很重要。你對你的家人而言很重要，對你的朋友、你的公司、你的社區而言都很重要。你說的每一句話、每個念頭、每個行為都很重要。你應該全心全意的愛自己原本的樣子。

你很重要。

自助而後助人——改變從此展開

踏上像這樣的旅程不是件簡單的事，得下功夫。為了幫你，我以三個全新的觀念寫出這本書，可以讓你用新的架構活出人生。這些觀念的大前提，就是活出一個有意義的生命，你在日常生活中，會發現你反覆思考這些觀念，在任何時間點，都會去想你身處在什麼位置；在進入這些觀念前，我也必須先說清楚，我知道這本書的書名是「你很重要」，但你也必須了解「這跟你無關」。我知道聽起來很矛盾：「我很重要，但跟我無關。」相信我，我第一次聽到也覺得奇怪，但我向你保證，這就是改變我人生的重要關鍵。我保證稍後會再提到。我也知道你是從書店的「心理勵志」區買到這本書。我必須在這裡說，「自助」只是過程裡的一半。我們並不是住在只有自己一人的孤島，我們是住在社會裡的群體動物。這本書的重點放在你的「內在」層面，但也會關注你「外在」的一面。因為我相信自我的改變，跟社會的改變關係緊密，同時間都會一併發生。讀下去，你馬上就會懂了。

這本書將分成三大部分，幫助你度過自我跟社會改變的過程：

- 「我很重要」，了解自我。這是個擁抱自己獨特之處的機會，做自己。擁抱你與生俱來的特質，認識到你可以喜歡自己、接納所有的破碎跟不完美，活出身心健康的人生。
- 「你很重要」，了解你有能夠影響他人的能力。你的行為、話語、思想將對他人產生重要的影響，影響他們如何對自己，以及對生命的看法。可能是家人、同事、朋友，或者是你在生活中常見到面的人。
- 「我們很重要」，了解到你跟群體的關聯，以及能夠影響到整體人類的能力。這可以是獨力完成，或者與他人共同完成。不管哪一種，都是接受你自己能夠影響陌生人的能力，甚至世界上各個地方的人，以及他們對你也有同樣的影響。生命是由「我們」組成，而你是這個大群體的一部分。

準備好開始了嗎？接下來有許多重要的內容，以最好也最美麗的方式展開。

Part 1

我很重要

我很特別，獨一無二。

我很完美，恰到好處的不完美。

我很值得，我很適合。

我受到重視，我的存在具價值。

我是我。

我很重要

1

當真實的你

唱自己的歌

歌唱吧，像無人聆賞，去愛吧，像從未受過傷，跳舞吧，像無人在旁，過每一天，就像在天堂

馬克．吐溫

我人生大多數的時間，都是一名泳者，事實上，我是一名水球員。我很幸運，能夠在加州大學洛杉磯分校的水球隊上打球，並在畢業之後擔任兩年教練。水球這種運動，能將你的身型、運動能力發揮到極致。其運動訓練的程度之高，難以捉摸，而所得到的體態絕佳。相信我，有一天妻子派蒂看到一張我

打水球的舊照，很吃驚地問我：「寶貝，你現在怎麼了？」也就是說，水球這個運動的缺點是：如果你不打了，你就真的不會再打了，你在家附近的泳池也不大能夠打水球。每一年，在我們大學母校的校友賽，我們這些退役好幾年的球員在穿上縮水的泳褲時，都感到尷尬、痛苦。所以現在我只介紹我自己「是個游泳的」。

游泳最好的一件事，就是你可以一生都享受游泳。你可以自己游、跟朋友一起游，隨心所欲調整速度。只有你跟泳池的水道、還有泳池底長得沒有盡頭的黑線。水球場地很少，但市裡的公立泳池到處都有，提供循環泳道，可以依單次入場費入場，熱愛游泳的人，也可以加入美國大師游泳計畫。

我在西好萊塢找到中意的循環泳池，位置夾在摩登巨大的太平洋設計中心跟西好萊塢圖書館中間。這個小型公立泳池有二十五碼長、六條泳道，老舊脫落的水道繩跟磁磚、淺的一端三英尺深、深的一端十五英尺深。小的排水溝能讓池水形成波浪狀，我猜這座泳池大概建於一九六〇年代，在當時應該是很新潮的設計，樣子保持至今。

現在有很多新的泳池都推崇「速度」「競賽」，這些泳池長五十公尺，有大的排水溝，十五到二十個泳道，最淺的一端也有十五英呎深。現代，高冷，你知道的，你每四年就會在奧林匹克比賽看到一次，不是我的西好萊塢泳池。我喜歡原本的那種，老派的。

因為我喜歡的泳池有社區的感覺，也吸引了某種類型的泳客。當然，會有西好萊塢大師泳池隊的成員，但有像我這樣的週末泳客，我們建了一個群組，在任何個週一、週三或週五，就會有人問：「誰要來？」

這八年來，至少會有三個人回答：「我！」這群人成了我的朋友、我的社群，我們一起大笑、一起打氣、一起慶生，感覺就好像西好萊塢泳池的克魯小丑樂團。

如果在我年歲漸長的時候，有學到什麼事，那就是我們都需要一個社群。當我們年輕的時候，社群以班級、學校、運動、社團、家庭、教會、暑假這樣的方式出現在我們的生活中，但當我們從這些機構或組織畢業之後，我們慢慢地摸索這個世界，感覺有點失去聯繫、被孤立。如果你年紀超過二十二歲，我猜你應該知道那種空虛的感覺。不要自己一個人遊蕩太久，社群很重要。

在我們的小型社區泳池，有一位泳客，我們沒跟他一起游過，但大家都對他印象深刻。他叫克里斯。我不知道他姓什麼，或者他的年紀，但我猜他大概二十出頭，他是非裔美國人，有點胖，每次都背著塞滿課本的書包過來。我永遠記得他的大眼睛跟溫暖的招呼，我們總是在池中間的兩條快速道游泳，克里斯則自己一人在左邊的無障礙水道游泳。

一天晚上，我們在游泳的時候，克里斯在泳池對面向我大喊：「馬修，馬修，你的電話幾號？」要知道我們兩個都在水裡游泳，沒有紙筆，也沒有手機。我直接跟他講我的號碼，克里斯說：「謝謝。」

隔天，我收到克里斯的簡訊：「嗨，馬修，我是你的朋友，克里斯。我們是朋友，對吧？」我不敢相信他居然記住了我的號碼。在現在這個時代，我們只會把人們的聯絡資料存在手機裡，按「播號」或者「送出」，我不認為有誰會去記電話號碼。說實話，我根本忘了給過他我的號碼。

我快速回傳：「嗨，克里斯，我們當然是朋友，謝謝你傳訊息過來。」克里斯回：「好，是朋友嗎？是朋友嗎？對吧？」

從那次互相傳訊息之後，克里斯成了我在泳池裡最熟的朋友之一，他也教我許多人生道理。克里斯不是自閉，他有自閉症。這兩個差別很大，也是他向我解釋的人生課題。就好像某個人不是癌症，是得了癌症。他記得我電話的原因，是因為他對數學很有一套，而且他有照相式記憶。他喜歡數字，也喜歡人，他知道每位員工、泳池裡的每一個人。他會跟他們打招呼：「嗨，我是克里斯，你叫什麼名字？我可以跟你做朋友嗎？」

然後，他之後看到你，就會跟你說：「嗨，某某某，我們是朋友，對吧？」我常看他這樣跟人互動，很棒，很美好。

克里斯跟我持續傳訊息，傳了好幾年，有時他甚至會打給我，只是想確認我們還是朋友。我們一起，跟游泳群組的成員一起，克里斯甚至想了個口號。口號很簡單，就像他天真的樣子：「一、二、三，嗚嗚嗚嗚！」「一、二、三」的部分配合三次擊掌，馬上接著「嗚嗚嗚嗚！」每一次我們都會搖頭晃腦，眼睛睜得大大的，雙手舉到空中，表達情感。我們至少每週一、週三、週五晚上都會做五次。克里斯每次都會帶頭，確保他跟我們每個人都擊掌。

有天晚上我回到家，派蒂問我頭髮上是什麼東西？我完全不知道她在講什麼，還研究了一下。她看著我說：「寶貝，為什麼你頭髮會編辮子？」我笑著說：「克里斯編的。」她微笑、搖搖頭，回答說：「當然是他。」我覺得她偷偷地喜歡這個辮子，因為她知道我很在乎克里斯，她也想要見他一面，以同樣的方式愛護他。她也很貼心，但比較沒那麼外向。

克里斯除了數學好、很會記名字、也是世界級的編髮達人。他可以在幾分鐘之內編出完美的玉米辮，大小都可以，還會先問你想要什麼尺寸。不知道什麼原因，我成了他泳池的第一個客人，但很快地其他人也都編過了。我還注意到，克里斯在他的包包裡放了一包橡皮筋，準備好幫大家編頭髮。我彷彿聽得到他說：「馬修，馬修，要編頭髮嗎？什麼顏色？要幾根？還要嗎？還要嗎？」我們至少有兩個人會帶著髮辮離開泳池，我們都很喜歡。

但在所有克里斯在西好萊塢泳池帶給我們的歡樂、善良跟禮物當中，他做的某一件事情，讓我感觸良深。他在游泳時會哼歌，他只知道一種游法，如果那算一種游法的話。他會用背頂住牆，戴著像舊時飛行員眼鏡那種泳鏡，慢慢地拉著水道繩移動，看起來就好像整趟都在做雪天使的動作，但不知為何，他就是能夠慢慢地移動到另一頭。他每拉一次，就會唱歌，大聲到全場的人都聽得到，不過字句不清楚，聽不出來唱什麼歌。

但我認得他擁有的祝福，這我永遠不會忘記。在那個時候，克里斯不會去管世界上的一切，他也不擔心是否會受到批評，他可能也沒有注意到我們會聽到他，他很享受在那個時刻，絕對的當下、真實的克里斯。

我最後一次見到、或聽到克里斯的消息，已經是三年多前了。我們大多數的人都搬走了，也不住在泳池附近了，我們的克魯小丑樂團也休團了，我們四散各處。但我常常想克里斯是否還在那裡唱歌、在泳池中像雪天使那擺動、跟新的泳客喊口號、編辮子。我以前常跟派蒂講，而且我到現在還是時不時會想起：「我希望我更像克里斯一點。」

克里斯是我看過最會做自己的人。他毫不虛假，每一天，每個當下，都只有克里斯。沒有他人的批評或者自己給自己的批評，沒有偽裝、沒有預設想法、沒有空殼、沒有濾鏡。帶著他所有的「不完美」他在人生當中與人連結。就算他的口語能力有限，他能夠將人與人連結在一起，這種能力我以前從來沒見過。所以是甚麼阻礙了我們？為什麼我們不能成為真實的自己，不帶批判、停止在社群媒體上建立我們的假象呢？我們為什麼不能每天以真實的樣貌出現呢？我們想跟誰證明什麼？為了什麼呢？

我相信這是因為我們許多人不認為自己重要，相反地，我們缺乏安全感，在腦海中獨自生活、疲憊、無法跟他人連結、或者跟真實的自我連結。我們不斷地表演，好像舞台上的演員，演著能夠騙過他人的角色，但騙不過真實的自己。有好幾年，我在音樂產業裡過著這樣的日子，我掛著頭銜，頭銜上背負著一些期望，這些期望也不一定是正面的，我的朋友安德魯常跟我說：「你成了你裝扮的人。」

他的意思是，跟我週末的裝扮、制服或者服裝相比，我在職場上的裝扮，讓我做出特定的舉動，也轉移了我的個性。這是真的，這也就是為什麼我經過幾年的治療，我的治療師終於跟我說：「其實，馬修，你第一天踏進我辦公室的時候，就只是一個軀殼，中間是空的，跟真實的自我斷了連結。」

這不是我們應該活出的樣子，如此空虛、虛假，一味地接受別人認為我們應該要有的樣子。這也就是為什麼我們在世界上，都在跟同情心、同理心對抗。首先，我們寧願評斷一個人，也不願設身處地為他著想，就算只有一下下也好。評論一個人，要比花時間了解他、認識他們的故事、知道他們為什麼跟我們不一樣容易得多，這也是一個自我實現的預言：我們越評斷他人，越認為其他人都在對我們做一樣的事。我們就產生假象，彷彿自己時刻受到批評，只會讓我們離真實的自我越遠。很抱歉，女人，你們這種功力已經是爐火純青。這就是為什麼像無人聆賞的歌唱，無人在旁的跳舞如此重要，因為上帝禁止我們在有人看的時候唱歌跳舞。我們會出糗、看起來不夠好、很蠢、或很醜。

克里斯會說：「像大家都在看的那樣游泳、唱歌，尤其是當他們都在看的時候。」因為他就是這麼做的，這也是我們需要開始做的。準備好暖嗓了嗎？

採取行動

挑一首歌，從今天開始，這就是你的主打歌。挑一首使你感到振奮、受到啟發、帶給你活力的歌。把這首歌下載到你每一台裝置，記下每一句歌詞，也可以想一些搭配的舞步，就放膽大聲地唱吧，無論是在家裡、在車上、在書桌前、或健行、或遛狗，這就是你的歌。從這時候起，你就把自己當成寫歌的人，每天至少唱一次，特別是有人在看的時候。（如果你真的靈感大發，可以建立一些能讓你提振精神、讓你開心的歌單）。當你在唱歌的時候，開始逐漸展現真實的自我，相信我，感覺很棒，而且不會有人批評你，而且，如果有什麼事會發生的話，其他人就會注意到待在你身邊，更有趣、也更有意義，你可能還會認識新朋友。想知道怎麼做嗎……問問克里斯吧！

日記提示

誠實面對自己，在你的日記上，寫下這些問題：

有什麼阻止我展現我真實、真正的樣子？

吸一口氣，找出那些阻止你的東西，在你生活中是以什麼樣的方式出現，寫下來。你可能會發現在生活中有很多東西，以不同的方式，阻止你展現你的真實樣貌。舉例來說，你在職場上的原因，可能跟你私人的原因不一樣。你一旦找出這些原因，就能夠使用5 Why分析法，每一個原因，都問自己五次「為什麼？」例如，如果你寫下「我很怕談論真實的自我。」問自己「為什麼？」你可能會說「因為我害怕被拒絕。」再問自己一次「為什麼？」在五個為什麼之後，你就會發現這些原因都沒什麼大不了，自信地談論真實的自我，其實相較之下簡單多了。

談話範例

有人請你在某場盛大活動挑選你的進場音樂，你會選哪一首？為什麼？確保挑一首你能夠在進場的時候，在大家面前大聲哼唱的歌。

2 聰明點

知道什麼最重要

每天早晨都是新生。我們今天做的，就是最重要的事。

佛祖

二〇一四年，我受邀成為加州聖地牙哥TED×Youth的講者，也就是說我要講給四百個高中領袖聽，他們大多來自加州。面對這群觀眾很有挑戰性，相信我。

大家都知道，人們公認最大的恐懼就是公眾演說，如果你跟我還有其他大多數人一樣，你就會懂。但不知為何，幾年下來，就算是要我分享一些私人故事（現在你也知道不是什麼光彩的事），我已經變得還算習慣演講。但TED的場子就不同了，充滿嚴肅氣氛，所有人都感受得到壓力，不管是講者、製作團隊、志工、或者觀眾。彷彿大家都知道有什麼特別的東西將會發生，否則就是一敗塗地。我很榮幸經歷過幾次這種壓力，每次都一樣緊張，所以我覺得，如果我們最深的恐懼是公眾演說，那我們**最深最深**的恐懼，就是在TED演講。

為了準備演講，我寄了一份問卷給全國的高中領袖，請他們回答兩個簡單的問題：

問題一

請依照學校其他人覺得最重要，到最不重要，將下列十五項事情排序：

1 參加畢業舞會
2 得到好成績

3 當運動員或者啦啦隊隊員

4 擁有最新的流行玩意

5 上大學

6 成為最好看的人

7 成為最受歡迎的人

8 擁有最多社群媒體粉絲

9 在學校或社區產生影響

10 成為別人的好朋友

11 參加學生組織

12 交男女朋友

13 SAT考高分

14 保持健康

15 成為模範生

問題二

假設CNN打給你，邀請你對全國演講一小時，講講現在的高中生，你認為美國觀眾想要如何認識你們這群人？

我相信我們都能從我得到的答案裡學到一些東西，並且感觸良多。先從第二題開始，這些學生說：

「我們可能跟你不一樣，但我們不因此而成為壞人。」

「相信我們，我們將會是發現癌症解藥的那一代。」

「我們只想要被聽到，被你們看到。」

「有一天，我們會創造出有史以來最棒的世界。」

我從他們的答案得到希望，發現未來的總統，受到啟發，想知道多年之後的未來，會是什麼樣子。但我的感動只持續到問題一的答案。記得，這些答案不代表他們的個人意見，而是他們認為學校大多數人的意見。以下是前五項最重要的事：

1 成為最好看的人
2 成為最受歡迎的人
3 當運動員或者啦啦隊隊員
4 擁有最多社群媒體粉絲
5 擁有最新的流行玩意

感覺跟CNN訪問那一題的答案好像不大一樣。事實上，我認為這兩者之間的落差非常大。這怎麼會是要帶給我們有史以來最棒的世界的世代，最在意的五件事呢？更讓人困惑、更真實的是，最多人選的第十五名。你猜對了：在學校或社區產生影響。噢噢，兩邊答案根本搭不起來。

我相信，如果我對一群成人問一樣的問題，得到的答案應該也是很類似。我知道不中聽，但這是事實。我們都會說我們想要在社區裡產生影響力，但研究顯示只有五分之一的美國人當志工，這些人平均一年當了三十二小時志工。同時，近半數成人每天平均花上十一小時吸收媒體的資訊，不管是電視、電台、電腦、智慧型手機、網路、平板。我們也想要保持年輕貌美，也在上面花很多錢。我們想要受歡迎，出名，使用社群媒體就是一種被看到、或者成名的方法。我們也沉迷於在臉書或者Instagram分享我們買的新車，或者完美假期。我們甚至用濾鏡，讓畫面看起來更好。我們每兩年就把手上沒問題的手機換掉，只是想用最新型號，就算我們知道環境得為此付出代價。這樣，有懂了嗎？

我說這些，不是為了評論他人，因為我也無法免疫。我在音樂產業的工作，也是被同樣的動力所驅動。我想要好東西，我想要為人所知，走紅地毯，參加VIP好萊塢活動。我想要維持身材、在健身房還有私人教練上花上大把大把的鈔票。當然，我想要山上的房子，就在好萊塢山，一點也不差。為什麼？因為這就是我過去認為重要的事情，我過去認為成功就是這樣，我過去認為這些能夠帶給我快樂、意義、目的。直要我恐慌發作、重度憂鬱症、重度焦慮症，我才知道我過去全想錯了。

但我得小心說明，因為我真心不覺得財務上的成功、出名、買好東西、或者外表吸引人有什麼錯，完全不是這樣。我說：「追尋那些目標吧！」但我也想要大膽、誠實的跟你說，這些都不是「你很重要」的原因。你很重要，因為你很特別。你很重要，因為你是這個世界的禮物。你很重要，因為你是八十億人之一。你很重要，因為你身為母親、父親、兄弟、姊妹。你很重要，因為你屬於這裡。

問題在於，我們將價值建立在錯誤的東西上，我們也覺得痛苦。我稱之為「愚人的黃金」。這讓我們好像受到催眠、為了答案你爭我奪。但我們在那裡永遠都找不到，因為那並不是重要的東西，但我們在上面花上所有時間和精力。

我也相信這就是為什麼，我們在現在的文化感受到巨大的分裂。在迫切尋找重要的事物時，我們大多數人選了無關緊要的東西，得到的結果對於我們的大我無益。我很重要，因為我是總統。我很重要，因為我即將展開大規模槍擊。我很重要，因為我是幫派分子。我很重要，因為我的信仰是唯一的神。我很重要，因為我住的地方。我很重要，因為我的性別。我很重要，因為我的性向。我很重要，因為我的種族。我很重要，因為我的政黨傾向。我很重要，因為我有錢、有權、優越感、自尊。

這清單列也列不完，我們的文化便逐漸退步，因為這些都不是文化之所以存在的原因。

這也是為什麼人們總說，不要討論宗教或政治。我們許多人認為我們的政黨或者宗教，是對我們而言最重要的事，不好意思，但你不是因為你是共和黨員或民主黨員而重要，所以不要再讓這些左右你的選擇。是因為更大的事情，讓你很重要。

當工作壓力大、電視上的新聞讓我心痛、或者感到有些事情脫離正軌，我便會想到這兩句引言，我把這些話印出來，裱框在我的案前，讓我再度回到正軌。我希望這些引言也能啟發你，像我受啟發一樣。

什麼才重要

不管你是否準備好，都會有最後那一天。沒有日出、沒有分鐘、小時或白天。所有你收集、珍藏或者已經遺忘的東西，都會交到別人手中。

不管是得到的，或是欠人的，你的財富、名聲和短暫的權力都會消失。你的怨恨，憤恨，沮喪和嫉妒都會消失得無影無蹤，你的希望、願景、計畫和代辦事項也不再有效。

過去曾經看重的輸贏也隨之而去。不管你來自何方，或者你住在哪一區。

不管你是否聰明漂亮。

與你的性別、膚色都無關。

所以到底什麼才重要？你要怎麼衡量你的有生之年是否有價值？

重要的是不是你買了什麼，而是你建立了什麼，不是你得到什麼，而是你付出什麼。

重要的，不是你的成功，而是你生命的意義。

重要的，不是你學到什麼，而是你教了什麼。

重要的，是你正直、同情、勇氣、或者犧牲的舉動，這些舉動激勵、鼓勵了他人，使他們效仿你。重要的不是你的能力，而是你的個性。重要的不是你認識多少人，而是在你離開後，有多少人認為是永遠的損失。

重要的不是你的回憶，而是那些愛你的人對你的回憶。重要的，是你會被記得多久，被誰記得，以及原因。

過一個有意義的人生，不是運氣好，不是一連串的巧合，而是選擇。

選擇過一個有意義的人生

麥克・喬瑟芬

成功

經常笑，也笑得多
贏得聰明人的尊敬，贏得孩童的喜愛
贏得誠實的評論家的讚賞，忍受假朋友的背叛
欣賞美，欣賞別人的優點
讓這個世界變得更好，不管是健康的小孩、一塊花園、或者改善社會狀況
因為你的存在，讓某個人生命過得更輕鬆
這就是成功

拉爾夫・沃爾多・愛默生

所以對你來說，最重要的是什麼？答案可能會讓你嚇一跳。你認為最重要的事，就是你花費最多時間、精力的事，你花最多時間、精力的事是那些會讓你感到快樂、感到真實的「你」嗎？或許你已經達到完美狀態，也真正活出有意義的生命，如同我剛才分享的詩一樣；但也有可能，既然你在讀這本書，你可能發現你的生命需要一些調整，並不是你現在做的事情不好，或者不對，只是還沒在那些對你來說重要的東西上花夠多的時間。趁這個機會，來連結那些對你來說真正重要的東西，持之以恆的過那樣的生活，並全心全意守護。

要知道，別人可能會評斷你，相信我。我生活中有些人注意到我不同的選擇、我重視的事情，而他們不喜歡。他們喜歡「派對馬修」，不是「撿垃圾馬修」，但到頭來，他們不喜歡我，是因為我就像一面鏡子，映出他們的生活，這種細微、自我的覺察，其實難以接受。為你的生活設下新的界線，習慣對那些不重要的事情說不。因為這是你的人生，你的時間。把時間花在你覺得最重要的事情上，就不是浪費。

採取行動

把時間花在最重要的事，不應該是懲罰、或者生活從此將變得無趣。恰好相反，因為得到的回報更豐厚、更有意義。喜悅比好玩還要大；感激比快樂還要大；深度連結比成為追隨者大；重要意義比成功還要重大；目的比愉快還大。所以挑選以上的感覺：喜悅、感激、連結、重要意義、目的，立下一個計畫，使這些感覺出現在你的生命中。我有一些能夠幫你的點子，但一定要跟著你的心走：喜悅──培養一個新嗜好；感激──每天寫日記；連結──替每段人際關係預留時間；重要意義──志工、服務他人；目的──定義你人生的任務或者目的聲明。當然，你可以選擇全部都做，只要做就對了。

日記提示

打造「最重要的」披薩，沒錯，寫下所有你覺得最重要的清單，一旦你有了清單，就能夠在日記上畫一個大圓，依你寫下的項目切割成同樣數量的披薩，並標記號。從中心開始，根據你自己評估做得如何來上色。例如，如果你寫下「健康」，但你沒有固定運動、沒有好好吃飯，或者好好休息，你的「健康」那一塊披薩可能上色上得少一點。但別擔心，不要評斷自己，這是做改變的時候，接納自己有多重要。一旦你完成你的披薩，在需要改進的地方做筆記，並承諾在每一塊披薩上都做一件事情，以改進那一個項目。你一定會覺得自己很棒。

談話範例

你最希望能夠多花一點時間，對你來說超級重要的部分是什麼？你要做出什麼改變，來達成這個願望呢？你現在就能承諾做出的改變是什麼？

3 做自己——你並沒有放錯位置

做自己就好，其他角色都已經有人演了。

王爾德

在每個家庭裡，都有一個「黃金小孩」。你知道的，那種不會犯錯、當其他兄弟姊妹被罵時，只是坐著偷笑。我哥哥麥可就是我們家裡的24K金小孩。我很喜歡我哥，他很聰明、貼心，是個很棒的人。但我其實真希望他不要事事完美。他的人生一路拿A，從來不在門禁之後開趴、過目不忘，他考的所有標準測試都是PR99.9，他是受過古典訓練的木吉他手、念過史丹佛大學、加州大學洛杉磯分校醫學院、加州大學戴維斯分校住院醫師訓練。他現在是一家大型醫藥公司的首席醫學官，結婚，育有兩個漂亮的小孩，兩隻拉不拉多，還有一間剛蓋好的房子。他幾乎找不到一絲缺點。

我要怎麼跟他比？我沒辦法，也並沒有跟他比。你或許能夠感同身受，或許你就是家裡的黃金小孩，覺得自己達不到對自己，還有別人對自己的期望。一定要喜歡那種求好表現的壓力。

對我來說，是前者。從小，在我上幼兒園的第一天，我就穿著黃綠色的Puma鞋，至今也仍持續穿著亮色高調的網球鞋。我曾將維他命C黏在鼻子上、誤吃奶奶心臟病的藥、吃蘿蔔的時候咬到舌頭、被隱士蜘蛛咬傷，我已經在全美各地的急診室都住過一輪。

在我四歲的時候，有一天在雜貨店，一位婦人走向我媽，想稱讚我長得好看。我媽微笑回她：「謝謝，這是我的寶貝，馬修。」我立刻插嘴：「我才不是寶貝，白痴。」一痴的發音也不正確，我媽覺得很丟臉又傷心，便哭了出來，立刻離開雜貨店，整車的商品就留在走道上。

又有一次，我媽要我跟朋友待在車上，她要去朋友家拿東西。過了一分鐘，有個男生騎著腳踏車，跟我們說：「你們要吃糖果嗎？有沒有看到那邊的摩托車，後面有好大袋的糖果。」身為「非黃金小孩」，我跟我的好友麥可一起下車，想去摩托車那裡看看到底有沒有糖果。我媽從她朋友家出來的時候，我跟她講這個故事，因為我很生氣這個騎腳踏車的男生騙我們。我媽眼睛睜得大大的，大喊：「馬修，我的錢包呢？裡面有很多錢。」她的錢包不見了，你懂我的意思吧，我完全不是黃金小孩。

不過在某些方面，當我「長大」之後，有好轉。可能只有一點點。我每年很熟練地出車禍；我高中暑假在銀行當櫃員，每天下班帳都對不起來；有一個暑假我賣了三個月的 Shasta 汽水，也把公司的車撞到快報廢。

我的大學生活還算平穩，但大學之後就又有些小意外。我之前分享過，找尋人生的道路不簡單，我出社會的第一份工作是在瑪氏公司當糖果業務。裡面的人很歡樂、薪水很棒、福利很棒，我還配公司車，是一款金屬藍的福特金牛座旅行車。我的朋友稱之為「辣妹磁鐵」。從加州大學水球隊，到開著一輛貼有M&M跟士力架貼紙的旅行車，只花兩週的時間。一年半後，我的體重增加四十磅，因為我吃速食當午餐，吃糖果當點心。過了第二個萬聖節後，我發現賣糖果不是我的志業，所以辭職了。我跟爸媽五年半來的良好關係也即將結束。

我爸在一間大型的消費品公司當了四十七年業務。他以此養家，為了自己，也為了我們，表現傑出。我哥，你現在知道了，在醫藥界工作，家裡只有我們兩個小孩。我媽希望能夠生四個男生，但她生兩個就停了。而且實際上如果我先出生，我可能會是唯一的小孩。當這個兒子「應該」繼承爸爸的衣缽，卻當業務十八個月後就辭職了，而不是像他爸一樣做了四十七年，你可以想見「父子」之間的對話又再度出現。

「爸，我知道我離開了一個不錯的機會，但我知道那不是我的人生道路。」我向他解釋，「我只是需要找自己。」我知道其實不是這樣。我認識了許多人，年輕的、年長的，都還在找尋自我。而且，彷彿這還不夠難，他們需要謀生；有些幸運的人，兩者結合，但對大多數像我們這樣還沒找到的人，我們的生活就分成兩塊，工作與人生。

接下來的那幾年，就是試著找到我的職涯，跟找尋自我，盡可能縮短兩者之間的差距，我有一年在指導課外活動，但離開了，因為我發現我的學生並不是很會游泳，他們對水也沒有像我那麼有熱情。基於一些原因，我覺得我是能夠改變這個現狀的人，所以我創了波利沃格水上運動，一間位於洛杉磯、提供私人游泳課程的公司。

洛杉磯有一個社區是比佛利山莊，我猜你應該聽過，我不記得是怎麼開始的，但我就成了比佛利山莊的家庭的私人游泳教練，超棒的。我到一戶人家，或者該說豪宅，早上跳進泳池，每三十分鐘，他們就會帶來一個新的小孩，不知道為什麼，這些家庭裡的親戚小孩特別多，我每三十分鐘就要教一次新的小朋友。我很喜歡這份工作，但不是每個人都能夠被我說服。「爸，聽我說，他們付我現金，我每天曬得黑亮、每天都玩馬可波羅抓人遊戲，我去美麗的豪宅閒晃、女主人都暗戀我，因為他們先生都不在家。」我請求，但沒輸，還是沒有用。

到這個關頭，我必須停止抵抗。有句話說「如果你不能打敗他，就加入他」。我發現我哥這個「黃金小孩」在醫藥領域發展得不錯，所以對我可能也有用。但我的醫藥生涯只持續一天。我上完一堂認證緊急救護技術員的課之後，發現這項工作的現實面；在隨著救護車出勤之後，我渡過了人生中壓力最大、最痛苦的一天。我沒辦法。不過幸好，經過那一天的職涯，我在那個可怕的星期一早上，知道要如何自己開車去找醫生。或者那就是我人生中最像警網雙雄的一天。

我又再次覺得自己好像那個在找露營車後不存在的糖果的小孩。

沒有什麼可選，也厭倦了讓別人失望，我決定回去念書。我在一九九五年回到加州大學安德森管理學院讀ＭＢＡ。我原本打算接觸新的事物，新的產業、新的職涯、新的未來。因為我大學念的是傳播學，經濟不在我修的課之內，統計跟金融也沒修過，所以在一九九五年的夏天，我必須先修一些課，以做好準備。

在新生訓練的第二天，我們都需要做邁爾斯─布里格斯性格測驗。如果你對這個測驗不太熟悉的話，這是根據卡爾·榮格跟伊莎貝爾·邁爾斯對人格分類所設計的測試，有六十四題問題，完成後，就能夠以四個字母將你的個性分類。邁爾斯─布里格斯總共有十六種組合，以一張圖表方便比對。

我不是要簡化這個測試，但ESFJ的相反就是是ENTJ，ENTJ就是「極具領袖特質，可能會成為高級主管、商業人士，喜歡改善無效率、管理別人。可能咄咄逼人，但也可能偏內向」。簡言之，ESFJ是「最和諧的」，而ENTJ就是「要求最高的」。你再想一下這十六型人格，在中間畫一條線，兩邊各有八型人格，ESFJ在最左邊，ENTJ在最右邊，在我們那個六十人的班上，有五十九個人都在右邊，他們不只在右邊，還是在最右邊的四分位（25%）及十分位（10%），他們大多數都是ENTJ。很合理，對吧？這是全美的頂尖商學院，所以學生性格為「領導特質，可能成為高級主管」。但只剩一個學生，完全不在右邊，他不僅在中線的左側，還在最左邊的地方。

全班唯一的ESFJ，就是我。

我在這個兩年課程的新生訓練時，就已發現自己不屬於這裡。這個測試證明，我是ENTJ的世界裡的ESFJ。我去唸商學院，是不是又是另一個人生的錯誤呢？再一次，這些問題又浮現，我想要找尋自己，但我感覺像動畫《紅鼻子馴鹿魯道夫》裡「錯位玩具島」的永久居民。你能體會嗎？

我人生當中，花了許多時間想要融入、想要歸屬感。想融入擺在我眼前的架構，活出一個「正常」的人生。有一部分的恐懼，是來自我害怕孤單。有一部分，是因為我想符合期望，包含我自己的期望，跟放在我身上的微妙期望。有一部分是想要成為人。我相信這些是很正常的動機，但問題是，我們常常在融入的時候失去自我。我們不但未能更了解自我，接納自己的獨特之處，反而把自己塑造成另一種樣子，就為了融入。我們開始討好別人，希望從別人身上獲得喜愛跟接納，卻忘了愛自己。我們越遠離自己，我們便開啟焦慮、憂鬱的大門。如果事情變得更糟，我們可能成為線上色情片、酒精、毒藥、邪教、幫派、恐怖組織等等的受害者。**或許這些活動、這些人可以讓我再次感覺良好，他們在乎我。**不，他們不會。

幾年前，我跟一位朋友吃飯，他問我是否覺得自己是未經琢磨的鑽石。我快速思考了一下，回說：「不，我從來沒有這樣想過。」後來話題就換到別的地方。我開車回辦公室的路上，打給我爸媽聊天，並跟他們分享海瑟的問題。我媽笑了出來，說：「你知道嗎，馬修，我們在一年級的親師座談會時，你的老師問我們，知不知道我們的兒子是未經琢磨的鑽石。」

我突然被點通了。我應該停止當一顆未經琢磨的原石。有人在我七歲的時候就看到我的本質，現在我已經四十七歲了。最重要的是，終於我自己也看到了。我不是錯位的玩具。我只是我自己。一個 ESFJ，還有其他使我成為我的特質，那些我曾經認為是大失敗或者錯誤的抉擇。我現在接受這些事情，因為這些事已經發生了，那都是「我」。我也不希望改變過去的一切。

那「你」呢？你在一生當中，花了多少時間想要融入、產生歸屬感？只是跟著現狀走，因為其他人都這樣做？念書、考好成績、上大學、找份好工作、結婚、生子、工作到退休、一天……或一生就這樣結束了。我過去一生都相信這樣子的人生規畫，直到了解這不是我應該進行的人生計畫。但因為我以為我應該這樣做，而感到極度焦慮。為什麼？因為這讓我覺得很失敗。感覺像邊緣人，我也冒出許多緊張、控制情緒的問題，許多疑問，還有那些原本覺得可能達成的事情。我的靈魂不斷說：「沒關係，做自己就好。」但我的腦袋一直說：「跟你商學院畢業的同學那樣，把自己的人生整頓好。」這種認知上的落差讓我差點沒命，而我知道我並不是孤單的。

我們要記得，這個世界因多元而繁榮，不同膚色、不同個性。不相信我說的嗎？那想像一個截然不同的畫面：同樣的身高、膚色、頭髮、眼睛、想法、品味、喜好、厭惡、動作、情緒、個性。你當然能夠完美的融入，因為你就跟所有人一樣都是複製人。但這不就是一個很讓人不舒服、很害怕的幻想嗎？你跟這個世界，都希望你能夠做「你」就好。

我們應該停止強迫自己成為不是我們的那種人。做自己，不是某個你心裡幻想的樣子，或者你應該活出的那種故事。我以為我在二十八歲就該結婚、到三十幾歲有三個小孩、到四十歲成為百萬富翁、在五十歲退休。但我到四十三歲才結婚、沒有小孩、成立並經營非營利組織，我現在已經五十了，而且我離退休還很遠。可最棒的是，我一生從來沒有像現在這麼有成就感、覺得自己在對的位子上。我終於是「我」而且我一點都不覺得抱歉，你不覺得，你應該現在就成為那個不覺得抱歉的「你」嗎？

採取行動

有種全新的鑽石剛被發現，那是一種最珍稀的鑽石。有人請你幫這種獨一無二的寶石寫文案，賣給出最高價的競標者。要記住，最有效的銷售文案包括許多吸睛的形容詞，抓住潛在顧客的注意力。更有效的銷售文案，還會有一些買下這件物品、或者獲得這件物品的好處。聽好了：你就是這顆鑽石。什麼讓你如此特別、獨一無二、稀有？這個世界、你的家人、你的朋友、同事的生命中有了你，會得到什麼正面的好處呢？他們一定有。寫作愉快。

日記提示

有什麼地方讓你跟別人不一樣、被你視為缺點的呢？可能是身體上的，臉上的痣、雀斑、傷痕、口吃，或者有什麼太多，或者是什麼太少呢？又或許，是比較心靈層面、情緒上的，可能是害怕，感覺不足、或者你過去的故事，或者成長的故事。

挑一件事，為它寫封情書或情詩。確保這個事物知道你是如何瘋狂地愛上它，完全不希望它改變，連一秒都不願意。我現在聽到的是「親愛的鼻子」「親愛的不一樣」——應該很好玩，但要真的去思考、去感受。當你的情書寫完之後，鼓起勇氣與人分享。這能讓你將這個缺點改以正面、健康的態度去看待。不管你決定寫什麼，也幫我感謝它。我愛它，因為它，你成為你今天的樣子，它也很重要。

談話範例

在你人生的過程中，有沒有什麼時候，你感覺格格不入？大概是什麼樣的狀況，你的感覺如何？後來情況有改善嗎？如果有的話，為什麼呢？怎麼變好的？

4 做得完美──讚美自己

我現在了解，擁有自己的故事，並在故事旅途中愛自己，是我們所做過最勇敢的事。

布芮尼．布朗

我們許多人過著一種筋疲力竭的生活。醒來的時候很累，睡前也很累。對某些人來說，可能是因為工作的關係，或許工作常需要通勤、不管是在高速公路上、或者是常搭飛機往返機場和旅館。或者作為服務業，在學校、醫院、支援性社區、少年輔育院、非營利組織等，花了一整天服務別人。但如果不是因為工作，也可能是個人的原因，像是為人父母、有臥床長輩要照顧、或者只是自己的健康狀況不佳。不管原因為何，如果我們自己都被掏空、沒辦法再給予的時候，跟人連結成了很困難的事。我們已經不斷服務別人，迫切的需要被服務。

幾年前，我曾經帶領一個團體，大概有四十位課後教育者，鼓勵他們的士氣，讓他們每個人都了解他們對自己、對學生、學校、以及社區有多重要。大約在訓練的一小時後，我給每位老師黑色的矽膠手環，上面寫著「你很重要」，請他們兩兩一組做活動。他們找到組員後，我請他們花幾分鐘跟對方分享他們有多感激對方，但他們必須談「工作」之外的事，所以如果你說「我很感激你都準時上班」，就不算。我希望他們能夠講到更私人、更接觸對方的優點、個性跟內心。在誠懇的講完幾句話之後，他們就可以交換手環，在換上手環之前說「你對我來說很重要」。

我喜歡觀察這樣的活動，因為人們必須抬起頭看看對方，而這會是一項挑戰。在智慧型手機、社交媒體、網路成為我們生活的一部分之前，這明明是很容易的事，但我們與他人之間連結的能力，特別是面對面的時候，已經逐漸下降。這些活動剛開始會有點尷尬，但會漸漸改變，就好像在二十年沒騎腳踏車後又再度開始騎車，肌肉的記憶回來了，我們與人連結的能力再度發揮。神奇的事就發生了。

我環視房間，觀察每一對老師，在他們分享、交換手環的時候，在腦中記下一些東西，我看到臉上的笑容、聽到笑聲。人們擁抱、擊掌。最感人的是，我看到眼淚、人們擦去臉頰和眼睛裡的淚。幾分鐘之後，我請成員全聚在一起，問他們是否喜歡這個活動。

他們的回答都很棒。「能夠暫停一下，讚美我的隊員，感覺很好。」「我們已經不會真正的去看一個人，感覺很好，是新的體驗。」「我大為感動，所以我覺得我真的很需要這些話。」看到他們如此感動，我再問他們一個問題：「那是跟你的夥伴說好話比較簡單呢，還是聽到你的夥伴跟你講好話比較簡單？」他們一致同意：「講好話比較簡單。」

若是你，會怎麼說？我認為這是一個跡象，顯示我們現在不管是個人，或者是集體，都做得並不好。我們覺得自己是所有宇宙裡擁有主宰權、最先進的物種。在二十一世紀裡，我們已經進化到不習慣收到別人的讚美，或者想要在那種尷尬的時刻抽離。我自己經歷過。我永遠記得，有一次，有人讚美我的夾克，我立刻回說：「我也喜歡你的夾克。」才發現他根本沒穿夾克，或許你也有過類似經驗。

我們之所以失去接受讚美的能力，是因為我們已經失去了與人連結的方法。我們知道霸凌是不好的，因為我們不喜歡互相攻擊，不管是面對面、透過媒體、或者社群平台。簡言之，霸凌的相反就是互相說好話，互相讚美，但我們也覺得這好像不是很自在。雜貨店看到排隊的人，每個都盯著手機，沒有人要跟別人互動，在餐廳的爸爸媽媽滑著社群平台，完全忽視對方，也不管坐在兒童椅的兩歲小孩。

一個冷漠的文化，就是孤獨的、失去連結的、病態的，盡失人性。為了我們的世界、我們自己，我們都應該學著接受讚美。不只是因為我們的自尊以及自信需要這些讚美，而是若我們越快學著互相收到讚美，我們就能越快地給予讚美。畢竟，如果某件事讓我們不舒服，我們就不會對別人做這件事情。我們不會，這就是原因之一。

對於這群人的反應，我覺得有點慌張，我立刻想到一個點子，我請他們拿出紙跟筆。我請他們用一分鐘的時間，寫下五件他們做過的好事。我舉了一些例子說明，像是「我昨天為太太做了一頓豐盛的晚餐。」或者「我這週運動很認真。」或者也可以是比較抽象的概念，像是「我很會傾聽」或者「我喜歡逗人發笑」。

我立刻說：「給你們一分鐘，開始。」

當這群人在寫，或者試著寫下他們做的五件事，我在房間裡來回巡視。有些人已經寫出三件事，有些人寫一兩個就卡住了。每個人看起來都有點困惑，想找出一些可以寫下來的事情。

一分鐘之後，我說：「停，把筆放下來。」我小時候，很討厭老師在考試之後跟我們講這句話，我猜這也是我自己的一種小報復，顯然我也有自己的問題要處理。

我先恭喜大家完成這個有點挑戰的小活動，請他們拿著清單站起來，也可以站開一點，讓大家都有一些空間，也有一些私人空間，可能有些人會需要。

我再給他們一分鐘，以清單上的事情讚美自己，但他們必須在每一項事情前面加上自己的名字。「吉兒，你這個週末跑了兩英里，真棒。」「吉兒，你一直都是個好朋友。」「吉兒，昨天晚上做的義大利麵真美味。」「吉兒……」一旦他們把清單上的事情唸完，就必須再從頭唸，直到一分鐘到為止。

他們臉上的表情真是經典。為了緩和氣氛，我開玩笑的說，他們是不是只寫下一兩件事情，這樣的話，接下來的一分鐘，他們就會像鸚鵡一樣。我也跟他們說，希望他們能夠講得大聲、清楚一點，否則我會再讓他們多講一分鐘。

我喊：「開始！」，開始計時。

我有點擔心，因為不知道在這個一分鐘會發生什麼事，我以前也沒做過這個練習。但我聽到的讚美聲越來越大聲，就不那麼緊張了。他們歡呼、笑著、跳著、互相擊掌。看起來很好笑，但也非常具有意義。

一分鐘後，我請他們暫停，並問：「除了很尷尬之外，你們覺得怎麼樣？」他們邊笑、邊臉上發光地告訴我這個練習很好玩，他們很開心做了這個練習。但突然發生了一件事，讓整個房間裡的人感到措手不及。站在房間後方的海倫舉手，她說：「這是我做過最有挑戰的一件事。我根本一件好事都寫不出來。」

空氣中瀰漫著一股悲傷跟驚訝的情緒，因為海倫的同事顯然覺得她很棒，不相信她會寫不出一件自己做的好事。我也很吃驚，因為就在交換手環的十分鐘之前，房間裡的投影機故障了，海倫跑出房間幫我們換一台好的。她當天稍早就幫了大家一個忙，但她並沒有把這件事情寫上去。她也花了近三十年影響下一代的生命，但她也沒寫上去。

我看著她憂愁、悲傷的雙眼，問她還好嗎？她不發一語，點點頭。她的情緒湧了上來，無法說話。我問她，不然我們可以一起想她做過的五件好事，海倫低下頭，過一陣子，她抬頭，滿臉淚水，說：「我待在家暴的婚姻裡二十六年了，這二十六年來，沒聽過一句讚美。我被糟蹋得一無是處，連讚美是什麼都不知道了。」她將臉埋入手中，難過得不得了。

大家情緒都很激動，房間裡一片靜默，我請大家先休息十分鐘。我想私下詢問海倫的感受，但我沒有機會這麼做。我一說「休息」的時候，海倫就收到大家滿滿的愛。沒有一個人離開教室休息，他們只是讓海倫知道她有多特別，有些同事抱了她，有些人讚美她。有一群人甚至開始幫海倫想她的清單，列出的好事比五項還要多更多。我只能站在旁邊，看著這些充滿關愛的舉動。

那刻開始，也有可能是二十六年以來，海倫才第一次知道她有多重要。

有時候，我們認為「不夠好」、或者「沒有價值」只是我們生命經驗的結果，可能是媒體的內容讓我們覺得我們應該看起來完美，也可能是我們的父母，只有我們表現、或者成就夠好，讓他們能夠在雞尾酒會上炫耀，我們才覺得被看見、被聽到。也有可能是配偶，像海倫那樣，如果外在的影響還不夠的話，我們的感覺可能是自找的。

我要告訴你一個消息，希望你能夠專心聽、聽進心坎裡：你已經很完美了，不要再追求完美。你是將近八十億分之一，你是這個世界裡獨一無二的禮物，也是祝福。你的存在成就了現今這個世界的樣貌，愛自己、讚美自己，聽到別人讚美你的時候，只要說「謝謝你」，並享受當下。這是你值得的，因為你很重要。

我向你保證，你有一個列不完的清單，上面寫滿你曾經做過，或拿手的事。花一分鐘，或甚至一小時來列這個清單，記得定期更新。當然，也別忘了養成習慣讚美自己、讚美身邊的人。讚美能安慰人，讚美能夠散播歡樂，讚美能夠改變世界。

「你很重要。」

只要說：「謝謝，我知道。」很好，我們正在進步。

採取行動

我不是在開玩笑，拿出一張紙、一枝筆、計時器，寫下五件你做過的好事。站起來，大聲朗讀一分鐘（前面記得加上自己的名字），並恭喜自己不僅願意做這個練習，也實際做完了。你可以獨自完成，或者與朋友、家人、同事一起做這個練習。

日記提示

根據你「採取行動」的練習，花一點時間記錄下來。你寫下多少件事？你覺得這個練習帶給你什麼樣的感覺？花更多時間寫清單，並請身邊的人幫忙。不要擔心他們會怎麼想，向他們說明你要完成一項「計畫」，需要別人的看法。

註：如果你真的在這個練習卡關，請考慮向專家求助。相信我，找一個人生教練沒什麼不對，我覺得每一個人都應該要有人生教練。但最重要的是，你能夠給予，也做了許多好事，我要確保你接受這樣的自己。你必須知道，這個世界需要你。

談話範例

為什麼你認為，人們接受讚美是一件有挑戰的事？要如何改變這種情況？

5 充滿愛

這跟你無關

你是藝術作品，也是在工作的藝術家

艾文・麥瑪努斯

在我們來到「我很重要」的最後一章時，我認為花一分鐘停一停、思考，是很重要的事。我知道我從前面就不斷訴說，你因為是你而重要，因為你的每一項特質，你很特別。這個因為你的存在，使你天生就「很重要」的概念，可能一時不容易被接受，因為這好像忽略、貶低了你的人生經驗、以及這些經驗在任何時候是如何形塑你對自己的感受。我們人生故事裡的每一章，很簡單地就能讓我們遠離我們的本質，也就是想要做好人、做好事、感覺良好。

我朋友大衛成立並管理一間世界上最成功的品牌及廣告公司，他想出一項活動，稱之為「Netflix」。他指的不是Netflix這間公司，而是其他意思。這個概念的前提是，我們很容易陷在自己的小電影裡，在我們發現之前，就已經把整個人投入在人生的每一章、或者每部電影，而忽略了大架構、或者更宏觀的自己。他說：「只要當Netflix。」換句話說，就是從你活著的電影走出來，以更大的格局看自己。了解你是Netflix，而這些人生的電影只是一個個的故事。分類之一，觀賞這些內容並享受，如果覺得這些內容不夠好，或者不有趣，就回去當Netflix吧。我好喜歡這個概念，但我現在也彷彿聽到你說：「有那麼簡單就好了。」

我懂你的意思。因為你的故事是真的，你的情緒也是真的，相信你自己天生就有價值，只有你能夠帶給這個世界，這個觀念不容易接受。同時也有人說，他們跟與生俱來的重要性仍保持連結，但我認為大部分的人都搞錯了，因為每個人都忘了自己真實的本質。他們的重要性，跟物質主義、自尊綁在一起，這也是我過去以為我很重要的原因，全跟成功、表現、頭銜有關。但這不是我們來到這個世界上的原因，我們來到世界上的本意，要比那些重要得多，但無論你是否已經失去與天生的重要性的連結，或者你可能依附在錯的東西上，都還有機會改變。

這就是為什麼這一章如此重要，因為這說明了「我很重要」跟「你很重要」之間的連結。因為有時候，像我之前一樣，當我們開始與外在連結，我們會開始從內在了解自己有多重要。

我不知道確切原因，但對男性來說，上廁所不用跟一群人或者朋友一起。這是種個人行為，必須快速、安靜地做完。我完全想不起來有任何時候，會聽到有男生對另一個男生說：「我想去上廁所，要一起去嗎？」

而上廁所之於女性，就是截然不同的一件事。上廁所是團體行動，也是社交體驗。我想像的公共女廁，充滿對話、笑聲、八卦、還有一同照鏡子的時間。而男廁就好像圖書館。沒有人講話、沒有眼神交流，照鏡子的時間很少。進去，出來。當然，要很酷。

我在一場拉斯維加斯的演講之後，需要去一下洗手間。如果你去過拉斯維加斯，就會知道他們什麼東西都很誇張。俱樂部、賭場、表演、想得到的都是。拉斯維加斯花錢不手軟，在大型賭場裡的廁所也是如此。

我一走進男廁，立刻就注意到我的鞋在淺米色大理石地發出的聲響。我凝視廁所，對於淺米色大理石牆、洗手台、水晶燈、黃金裝飾感到讚嘆，很洛可可風，我敢說是「俗氣」，我也注意到我是洗手間裡唯一的一個人。我覺得有點奇怪，因為裡頭大概有二十個小便斗、五間隔間。換句話說，這間廁所可以供很多人使用，但在那一刻，就是我個人的凡爾賽宮。

既然我獨自一人，我就能選擇，得做出重大決定。我不想要挑第一個小便斗，因為那個可能是最多人用的，也比較舊，如果其他人進來，可能他們會用第二個或第三個，因為他們不想走太遠。我不想要與人肩並肩，所以我走向大概三分之二的地方，去用大概是第十二個小便斗，如果有編號的話。我覺得我選對了。

我正準備做一般男性會對小便斗做的事的時候，我聽到熟悉的聲音，前門傳來踏步在大理石上的聲音。我私人的廁所城堡不再只有我一人，但我基於裝酷的精神，只是直視前方，假裝我什麼都沒聽到（或沒看到）。進來廁所的人顯然需要使用小便斗，而他挑了我隔壁的那個，也就是編號十一。在這麼多選擇之中，他想當我的鄰居。這時，許多盡在不言中的社會規範便開始運作。你必須表現得好像愛上眼前那塊磁磚，直視它的眼睛。然後還有「九十度角守則」，也就是往右或往左看，不得超過九十度。如果安靜過頭了，你就會想是不是應該打個招呼，或者不打。如果情況太糟的話，就乾脆東西收一收，原本想做的事就算了，先離開再說。

我在思考這些選項的時候，這位不速之客者顯然已經打定主意。他想跟我聊天。他說：「你知道，你教了我一些東西。」

在那個時刻，我想小解的念頭立刻從我的私人豪宅大門往外溜，我站在那裡，動彈不得、直盯著牆壁，想說：「我從來沒遇過、沒見過這個人，我到底能夠教這個陌生人什麼啊？」但我知道現在也逃不了了，於是遲疑的問說：「噢，那你覺得如何啊？」

他回答：「在我整個人生中，我知道我需要學著愛自己，才能愛別人，但你說要先愛別人，我才能真正愛我自己。」

這位不速之客真的把我的話聽進去了，也對他產生影響，而這個影響大到他覺得應該在洗手間裡跟我分享。我鬆了一口氣，而他瞬間就成為我的朋友。

我不知道未來是否還會有類似的洗手間經驗，但我不能否認，這名人士與我分享，以及後續的談話對我所造成的影響。我相信這個關於愛的概念，能夠改變生命、改變世界。我在我的廁所夥伴身上看到改變，我自己也經歷過。這個挑戰就是，我們活在一個「自救」、「我、我、我」的世界。我們覺得箭頭是朝內的，我能得到什麼？我要如何感覺更好？這對我來說有什麼意義？這使我們麻木地變得自戀，有部分原因，是因為我們相信**我們得到越多，就越好**。這成了我們的文化，讓我們許多人感覺孤單、空虛、不愛自己。

但另一部分的原因，就是因為我們跟我在廁所的朋友相信的一樣：**我要先愛自己，才能愛別人**。某些人很幸運，能夠輕鬆地愛自己，接納自我，覺察自己是什麼樣的人，能夠提供什麼。這些人就不用讀本書的末五章了。但對我們許多人來說，我們仍苦苦掙扎。我們質疑自己為什麼重要，我們苛待自己，勝過於愛自己。這只會使我們更加隔絕、憂鬱，無法真實、誠實地活著。

我有幸認識一名出色的女性，她叫珍妮佛，她是「我很重要」跟「你很重要」機制運作得很棒的例子。珍妮佛在美國最知名的法律事務所工作，是一名傑出的出庭律師及合夥人。她的三位兄弟都是非常成功的商人，兄弟姊妹都已婚，有小孩，生活多采多姿。

有一天，我跟珍妮佛在喝咖啡聊天的時候，她告訴我她曾擔任橘郡一間非營利組織的董事會成員，該組織的目標是終止流浪兒童、遊民露宿街頭的生活。我當天才知道，橘郡的公立學校裡有超過兩萬八千名流浪兒童，沒錯，就在美國幾個最富有的州裡面。珍妮佛跟我說，希望工程聯盟正在找新的執行長，她的一些董事會成員認為她應該接下這份工作。她想知道我的看法。

我第一個念頭，就是她沒辦法承擔這樣大幅度的減薪，她有家庭、經濟上的壓力，過著以她與先生的雙薪收入所打造的生活。更何況她努力了這麼久，就是為了她的職業生涯，而現在她可能要放棄她所有的一切，生活也要過得比較簡單。但珍妮佛告訴我，除了收入，她還有其他考量：珍妮佛跟她的兄弟、爸媽，曾長期無家可歸，這件事情沒什麼人知道。他們曾是「移動式的」家庭，跟現在許多家庭一樣。

我不敢置信，但我馬上就知道一件事：珍妮佛需要接下那份工作。我開始與她分享我的故事、我崩潰的經驗，我講了我如何成立我的組織，如何從我的事業離開、過著簡單的生活，因為我知道我的故事能夠幫助別人。我清楚地記得，我說：「你知道，買兩份Subway五塊錢的潛艇堡當午餐跟晚餐，也不算太差。」

現在，以及過去五年以來，珍妮佛．芙蘭是希望工程聯盟的CEO。她協助超過一千名兒童及家庭不再流浪，協助數百名學生完成高中學業，一路念到大學。她也將這個組織帶到前所未有的高度。在她眾多成就之中，珍妮佛獲選為柯林頓全球論壇的講者，她也常在全美各地演講。

我最近和她吃午餐，她說：「馬修，謝謝你幫我了解，我的故事從來不是跟自己有關，我曾經覺得不光彩，花費很多時間和力氣，隱藏我過去的日子，一直到我長大成人。但你給我勇氣，使我接受我的故事並與人分享，這因此改變了許多人的命運，包括我自己。」

我的眼淚湧了上來，她講了另一件事讓我更感動：「你知道，馬修，你提到Subway的時候，我知道如果你做得到，我也可以。只要我跟我的家人有飯可以吃，其他的都不要緊，都只是些身外之物，我對於身外之物的欲望，遠低於我想要做出改變、活出我的天職的欲望。」她因為分享自己的故事所帶來的祝福，是更深遠的，遠遠超過她昔日害怕改變自己的生活，而不願分享的恐懼。這不再跟她有關，而是跟上千名被改變的生命有關。就算當時她連愛自己都有點困難，但她因為分享自己真正的故事，找到真實的自我，現在許多人的生命已永遠改變，其中也包括她的生命。

沒錯，我們每個人都很重要，但這可能不是跟我們有關，我們在下一章「你很重要」的部分，會再講得更深入。

採取行動

拿兩張便條紙，寫下兩句話：

「我需要學著愛自己，才能愛別人。」

「透過愛別人，我便能愛自己。」

把他們貼在牆上、浴室鏡子、電腦螢幕、汽車儀表板、任何你會看到的地方。在下面再貼一張空白便條紙，在每一張空白便條紙上，寫下你要如何用三件事，將這些聲明在生活中付諸行動。換句話說，三件你如何能夠多愛自己的行動，以及三件你要如何多愛其他人的事，採取行動，讓這些事發生。

日記提示

一旦你完成便條紙上面的六件事，請挑一件愛自己的經驗，跟一件愛他人的經驗，在日記上寫下這兩件事，這些經驗帶給你的感覺為何？哪一件比較具挑戰？哪一件比較有力量？與自己的經驗真實的連結。寫下一個對自己的承諾，你就能夠許下承諾、繼續身體力行愛自己、也愛其他人。再想一想，如果地球上每一個人都以這樣的方式開始自己的一天。我們讓這件事情發生吧……就從你開始做起。

談話範例

你覺得愛自己比較簡單，還是愛別人比較簡單？為什麼？

Part 2

你很重要

你的話語有影響力
你的存在有人感覺得到
你的創造力能啟發人
你的行動
你的能力無敵

你很重要

6

成為無敵——唱自己的歌

沒人在乎你知道的有多少，一直到他們知道你在乎的有多多。

狄奧多．羅斯福

我們已經失去了與人產生連結、讓他人知道他們對你有多重要的方法。是的，就連對陌生人也是。這就叫做「問問題的藝術」，這個簡單的工具能讓人知道你在乎他們，但我們用得還不夠多。這也是我們更深入認識一個人的方法，這些問題帶給你什麼感受，而上次有人問你這些問題是什麼時候呢？

你好嗎？

你的家人好嗎？

你本週有什麼期望嗎？

如果你現在可以去渡假，想去哪裡？

工作都還好嗎？家裡都還好嗎？

你跟另一半怎麼認識的？你們有空的時候喜歡做什麼？

如果你可以許一個願望，會許什麼願望？你最怕的是什麼？

你最大的成就是什麼？

就連我在打這些問題的時候，我都想像著你的回答，也非常希望能聽到你的答案。有了這十個問題，我就能大概知道你是什麼樣的人，我也可以想得到，你會覺得我真心的關心你，不然我為什麼要問呢？對吧！我呢，很幸運的，從一位高中生身上學到問對問題的重要性，儘管我已經三十七歲了。

我在加州聖地牙哥一所高中停車的時候，心情有點沉重，感覺緊張。眼前的事物一片灰，停車場的水泥、牆上的繪畫、天上烏雲密布。這當然不是我第一次受邀到學校分享，所以不覺得緊張。事實上，我已經在一百多間學校講堂演講過了，但基於某些原因，這次我的感覺有點不同。

我走進禮堂，受到大群的學生、師長歡迎，他們介紹完我後，我便站到麥克風前，望向所有年輕的臉龐。我沒有說話，只是看著他們。好像我在找什麼東西，某種信號、線索、或者某種答案，能夠解釋這種需要做些什麼改變的感覺，然後靈感就來了。我一開頭先說：「大家好，我知道我今天應該是來這邊跟大家演講，但我覺得今天很適合讓『我們』聽一聽『你們』的想法，所以我想把麥克風遞給你們。這是我們向你們學習的一天，來更認識你們。你們因為什麼而快樂？你們有什麼煩惱？你們喜歡學校裡的什麼？你們不喜歡的是什麼？你們受過誰的啟發？你們害怕的是什麼？」

我分享這個計畫時，立刻發現演講廳裡的師長變得不安。我幾乎可以聽到他們的想法：「噢不，現在是什麼情況？」「這些學生拿到麥克風會講什麼？」「這是一個好主意嗎？」某些程度上來說，他們臉上那種「完蛋了」的表情，讓我覺得我做的是正確的事，某些特別的事情即將發生。至少我當時是這樣想的，因為頭也已經洗下去了。我讓出了一些空間，讓演講廳裡的人到我這邊。

事情進展得很慢。有些學生直接往下看，其他人面面相覷，抬起眉毛，似乎說：「你去。」很顯然，這些學生不知道是否應該誠實、顯露自己軟弱的一面，不只是在彼此面前，而是在所有師長面前。但我不斷地告訴他們，現在他們在一個安全、特別的空間，為了要讓我們能夠更好地服務他們，我們需要更了解他們。

然後開始了。一個勇敢的男孩走到麥克風前面，說他在校園中的各種團體都感到格格不入，他直白、脆弱的一面，讓其他孩子也有勇氣講出來，我們便坐著聽一個又一個分享：派系、霸凌、廁所毒品、無家可歸、不受尊重或無人感激等等。有時候難以接受，有時候感覺充滿希望，有時候我們屏息聆聽，有時候覺得能喘一口氣。雖然只有一小時，但感覺需要一整天的時間。我很榮幸能夠跟我們這一代的人一起討論真實、人性的經驗，參與開放、誠實的對話，我離開停車場的時候，我的心情變得輕鬆，不再緊張，我知道剛剛發生了神奇的事情。

我記不得我是怎麼開兩小時車回洛杉磯的，記不得交流道的出入口，或者交通指標、經過的車、我也沒聽電台、腿上也沒有手機，我也有可能把車開到火星，因為我完全不知道整個頭跑去哪裡，我猜我大概在思考剛才發生的事。

接下來發生的事，就像加州樂透的廣告詞，類似「這真是再平常不過的一天了……直到不平凡的事發生了。」我一到家，手機提示音就響起，我收到一封郵件。內文寫著：「嗨，我是妮基。您剛才到我們學校，請我們分享。您讓我覺得我很重要，我很需要，因為我目前無家可歸。」

我的心跳停了一拍。妮基，我記得她。她長得很漂亮，眼睛大大的、臉上掛著大大的微笑。我記得她畏畏縮縮的接近麥克風，說在他們學校裡，有人無家可歸，但我不知道她說的是自己。她怎麼有勇氣、有決心上台分享？我好奇其他人是否知道她無家可歸。我非常想知道，所以我立刻轉現在開始行動的工作模式，打給安排我演講的老師。我跟他通完話後，得知更多妮基的事情，也發現這間高中有超過一百位無家可歸的同學。我感到非常吃驚，並安排後續回去那間學校的時間。

我回去，找妮基跟她課後輔導老師安雅，安雅跟我說了一個但願從未發生在年輕女孩身上的故事。妮基曾經被火虐待、當過雛妓，被刺傷、強暴，非自願懷孕。她過著地獄般的童年，內心與外在都傷痕累累。對妮基來說，無家可歸反而比有「家」還要好，所以她一腳踏入這個世界，沒有屋頂遮蔽、沒有食物可以吃，受到驚嚇、滿身瘡疤。

她的故事讓我心碎，同時也讓我憤怒。怎麼會有人對這個美麗的少女做這種事？我猜在某種程度上，我不願意相信這是真實的故事，怎麼可能有人這麼惡質、這麼殘忍，做出所有他們能做的一切，去摧毀另一個人的生命？我可能太天真、太烏托邦主義了，但我知道對妮基跟我來說，將會有所改變。

我跟她坐在同一個房間裡的時候，我覺得妮基有點不相信我又回到那裡，我花時間開車回聖地牙哥陪她的這件事讓她難以置信。她看到我，笑得好開心，充滿信心。她充滿希望、夢想，是因為收到我們傳給她的滿滿的愛。在某些時候，她會止不住的連續打嗝，接二連三地打了三十個嗝，我從來沒見過有人這樣打嗝。她看出我臉上的困惑，便說：「我如果感到不舒服，就會打嗝，類似緊張引起的抽筋。」就好像有的時候，她的不安全感、不信任感、低自尊又回來了，我在那裡就顯得很多餘。太善良、太好、太陌生了。

我覺得有點承受不住，我並沒有受過心理治療或者社工的訓練。我也不是家暴、規範、報告或者輔導的專家，但我提供我所有的：我的心。最重要的是，我希望妮基覺得被愛，我知道這可能是第一次她覺得被愛，所以我們那天就想出了一個計畫，希望給妮基滿載的愛。

安雅歡迎妮基到她家，我跟妮基每週至少講一次電話，我介紹她跟我公司的小組、我的親朋好友認識，我們一同歡笑、一同哭泣。她邀請我們時，我們聽著、接受指導，在她還來不及反應，妮基就身處在一個無條件愛她的群體之中，那就是我們給她的禮物。愛能治癒，妮基也治癒了我們。兩年之後，我們一起，驕傲地看著妮基大大的眼睛、帶著大大的微笑，走上講台領取高中學位證書。那個時刻我永誌於心。

我們都喜歡好聽的故事，儘管我們都知道故事基本架構，以及故事大概的結尾，我們仍然深受吸引。我們愛上主角，讀著、看著這個故事，當主角接受試煉、苦難時，在找尋希望和夢想時，與他一同踏上旅程。十之八九，希望成真，但我們如坐針氈，直到那神奇的時刻發生。真是鬆了一口氣。我們在經歷下一個故事時，又重頭來一遍。

許多好聽的故事通常具備三種角色，大壞蛋、受害者、英雄。想想漫威電影，或者《星際大戰》，《冰與火之歌：權力遊戲》、《異鄉人：古戰場傳奇》，或者經典小說，像是《魔戒》、《哈利波特》。如果這些作品非常出色，就能夠讓我們跟角色產生共鳴，沒錯，有時候是跟大壞蛋產生共鳴。大壞蛋對我們來說，通常不會是英雄，羅賓漢除外，但大壞蛋常常變成受害者，因為他在成為大壞蛋之前，很有可能在某些時候曾是受害者。

但我們將這一套搬到現實生活裡，會發生什麼事？我們每個人都有自己的故事，想像一下你的故事是下一套傳奇小說、或者賣座電影。這會是有一個大壞蛋的故事嗎？到處貶低他人、不理會任何好的、正面的東西，到處犯罪（或許是心理上的罪，不一定是犯法）還是一名受害者的故事？某個永遠運氣不佳的人，因為「總是別人的錯？」某一個「沒有人關心」的人，「永遠覺得機會不公」，需要全世界的憐憫？或者是一位英雄的故事？在他生活中所造訪的地方，遇見的人都帶來正面的影響？一位找機會鼓舞別人、做對的事、成為世界中的一盞希望與好事的明燈？

我不是來批評的，因為我在自己的故事中，也曾經扮演過這些角色，但我現在知道，只有英雄能夠在平凡中看到不平凡，承諾為他人服務、與人連結、很真實、有意識的、想要改變、並克服自己的恐懼。英雄會以他們獨特的超能力，正面地影響他們周遭的事物。

我們必須承認自己只是平凡人。我們不會越過高樓大廈、讓火車停駛、用手吐絲，或者披著披風飛行，當然想一想是很好玩，我也常愛幻想，如果我能選的話，要有什麼樣的超能力。我先說，我想要穿著我的特製披風、靠自己飛行，就不用再開車開到滿肚子火了。雖然我們只是人類，不表示我們不能擁有超能力。你的超能力，可能是讓人發笑，或者你善於擁抱，或者你煮的東西非常美味，將人聚集在餐桌前。或者你開車回聖地牙哥，向無家的青少年展現愛心，或者你以上皆是，還有更多優點。因為我相信，我們每個人都有無窮的超能力，而且我們常常不了解我們正在運用這些超能力。

那你呢？你曾經覺得自己是有超能力的超級英雄嗎？你有想過你多有影響力，能夠不管是刻意或無意中、影響周遭的人嗎？我知道你能製造出漣漪效應，你所想、所說、所做的事情會擴散開來，影響旁邊的人。而且，我不是要嚇你或者讓你覺得不舒服，但你應該知道，總會有人看著你。想想看：你無時無刻都在觀察別的人生活，他們的行為影響著你。如果你看到有人對服務生或者對店員態度惡劣，是什麼感受？從另一個角度來看，當你看到有人幫行動不便者過馬路，是什麼感受？我知道你會有所感，不管你喜不喜歡，人們對你的行為，一樣會產生某些感受。

知道這些之後，我們的行為就會產生更多動機跟意義。如甘地所說的：「國家的文化蘊藏在其人民的內心和靈魂之中。」換句話說，我們每天醒來，就要問自己非常私人的問題：我們今天將對世界造成正面或負面的影響？因為我是這個文化的創作者之一，如果我希望這個文化有更多愛，就要更愛別人；如果想要有更多感激，就要更心存感激，對於容忍、友誼、正念、無私、喜悅、希望，愛、以及其他我們心心念念的重要事物，都是一樣的道理。我們的超能力會讓這些事情成真，創造出我們希望能好好享受的生命跟文化。

幾年前，我受邀到一間加州舊金山的製藥公司，分享跟回饋有關的經驗。許多組織已經不想在員工日舉辦繩索課程或者尋寶遊戲，而是辦一些更有影響力的活動。我為了創造出這個經驗，聯絡了一些當地的朋友。我對舊金山很熟，但當地人的情報總是能幫得上忙，我還連絡了一位紅木城大學的學生，紅木城在舊金山北邊幾個小時的路程。我們一起幫八十位員工設計了一個遠離辦公室的活動，內容很棒，能夠幫助城市裡的流浪居民。我們準備周全，也知道這將會是特別的一天。

在活動開始前，我們先開了一次討論會，確保所有事情都準備好，也檢查過清單上的所有細節。我們準備妥當，還有幾小時的時間，所以我建議去散個步、呼吸一下新鮮空氣，享受一下美麗的景色。

我們在步道上走了大概三十分鐘，氣喘吁吁的往上走最後一小段，迎面而來是南邊金門大橋的壯麗景色，舊金山灣以及整個城市，坐落在大橋後方。我們安靜地在那裡站了五分鐘，沉浸在太陽、清風、聲音跟景色之中，以最美好的方式，刺激著我們的感官。我打破沉默，問：「妳能相信我們現在在這裡嗎？風景美不勝收。我們即將去激勵八十個人，協助他們幫助無家可歸的男人、女人、小孩，使他們生命改變。你們有想過這一天嗎？」

妮基轉向我，笑了。「當我十五歲的時候，我不覺得我活得到十八歲，更不要說能夠去激勵他人。但當你來到我們學校的那一天，我將你視為『專業的英雄』。你進入我的生命，讓我覺得自己很重要。有人真的愛我，認為我有能力在這個生命中創造出特別的東西。那是我第一次有這種感受。對我來說，這就是你的超能力。一旦你將你的能力分享給我，我就成為了超級英雄，與你有著同樣的能力，那種能夠提升別人的能力。所以我現在也成了專業的英雄。」

感謝老天我問了，而且是每一次都有問。

註：當天下午，妮基讓所有房間裡的人都感動落淚。那就是超級英雄發功的時刻。

採取行動

想想你日常生活裡的五個人，寫下你想要問他們的五個問題。你可以對每個人問一樣的問題，或者分別想不同的問題，你自己決定。一旦想好你的對象跟問題，就去問吧。與他們產生連結，更了解他們一點，甚至去了解他們的超能力。也仔細記下這些問題帶給他們的感受。如果他們問你：「你為什麼要問我這些問題？」也別太驚訝，他們可能並不習慣，這也就是證明我們為什麼需要做這些事情。這項行動能讓他們每一個人知道，他們對你有多重要。

日記提示

你是一個擁有超能力的超級英雄。這個世界準備好了，正在等你。你準備好了嗎？寫下一則你身為超級英雄的故事，你的超能力是什麼，你會如何使用這個能力，幫助他人互相連結、了解他們對彼此的重要性？記得，故事裡也可以包含挑戰，但最終你會取得勝利，影響周遭的人。

談話範例

如果你能擁有一項超能力，會是什麼？為什麼呢？記住：這項超能力不一定要是虛構、或者超乎常人的。

7 覺察——看看四周

注意力是最罕見、也最純粹的慷慨

西蒙娜．韋伊

我如果沒有出門在外的話，每天早上都會到我家附近的星巴克，最奇怪的一點是，我其實不喝咖啡。我的確喜歡星巴克的冰綠茶跟一些早餐三明治，但這理由沒有充分到讓我每天起來第一件事就是開車去星巴克。我也可以在家自己做早餐、泡冰茶，但這樣一來，我生活中珍貴的一部分就會不見，也就是我的社群。

是的，我每天早上去星巴克，就是為了跟朋友見面，我不會用app訂餐，只想快速進出，那間星巴克也沒有得來速的服務，app的領餐區跟得來速都會影響我的目的，我要與人連結，就表示我得排隊、坐下、等餐、與人交談。如果你還沒被我嚇到的話，我在等的時候也不會看手機，我環顧四周，寫筆記，幫人開門，而且是的，與人交朋友。

幾年前，我跟派蒂搬到洛杉磯的另一區，所以我需要找到新的、喜歡的星巴克。你可以想見，在洛杉磯每個轉角都有星巴克，所以選擇很多。我在幾個主要的地點都買過一輪後，挑了一間在小型購物商場裡面的星巴克，有很多停車格、也有真正社區的感覺。非常合適。

就像第一天上學、或者第一天上班，要適應現有的文化，並感覺融入，需要一段時間，對我來說，可能不會太長，因為我習慣很快地跟人互動，但還是有一點陌生，我對於這區來說，是一名新的客人。

在幾週之內，我便認識了大部分的咖啡師，他們也認識我，有好幾位，特別是技術好的咖啡師，都記得我點的餐，我開始覺得好像在家裡一樣自在。就在我在那間店感覺像「自己人」的幾個月之後，我在節慶時分送這些咖啡師每人一張二十五美元的亞馬遜禮物卡。我們是好朋友了。

除了員工之外，我也開始跟一些常客聯絡。這間星巴克的座位區很舒適，角落有四座棕色的皮椅，我發現每天早上，就好像在看「歡樂酒店」一樣。一樣的四個人，坐在一樣的位子上……日復一日。最棒的是，他們不是一起來的，他們挑這間星巴克當老地方之前，也互不認識。他們是在星巴克的朋友。

漸漸地，我認識他們每一位，我也很感激他們每一位，但大衛讓我最為感動。他見到人總是熱情招呼，微笑、揮手、幫人拉椅子，他一個人就能改變房間裡的氣氛。更好的是，他不用開口，就做到了這一切，其實大衛是名聽障人士。

大衛跟我一拍即合，他想要散播歡樂的這股熱情極具傳染力、我也一直想要這麼做。因為大衛，我開始在 Youtube 上看美國手語的教學；因為大衛，我開始期待每天早上去新的星巴克；因為大衛，我學到抬頭看看周遭的世界是多麼重要的一件事。

我最近去巴爾博亞島開會，一座在加州橘郡紐波特海灘的別緻小島，只能靠搭渡輪或開過一座小小的石橋抵達。巴爾博亞島以狹窄的街道聞名，修得整整齊齊的花園、還有數百萬美元的海灘「小屋」。你若來到這座島，一定要吃冰凍香蕉加上巧克力醬，在海邊散步，或者是看著人們騎腳踏車，或開著高爾夫球車，遛著小型犬。

主辦這次會議的夫婦，阿丁跟麥克斯，住在島上石橋的另一側，所以我便慢慢地開在公園大道。以每小時十英里的時速，能夠輕鬆地邊開車邊看看外面。我經過珊瑚大道、藍寶石大道、鑽石大道、紅寶石大道、跟土耳其石大道的時候忍不住發笑，主題真是再明顯也不過了。我對於修剪得一絲不苟的前庭院讚嘆不已，應該是每日修剪所致。如果我沒提到我也幻想住在經過的幾間房子裡，也是有點不誠實。這條街跟我剛花了兩小時開過來、擠得水洩不通的十線道差了十萬八千里，我正開心地享受著兜風，直到有一條狗走到我的車前面。

我立刻從我的小確幸中嚇醒，緊踩油門，差點就要撞上那隻小狗。心撲通撲通跳，但覺得感激，我停在路中間，看著這隻小狗慢慢地從我車前方走過去，穿過路口，牠看起來是隻查理斯王騎士犬，大概十二歲，非常從容。

牠安全抵達人行道後，我看看四周是否有主人在旁邊，但沒看到任何人，顯然這隻狗不應該自己出來走，所以我決定調查一下。

我大概再十分鐘就要開會了，動作要快。我開到一旁，把車暫停，便去找那隻狗。我很快就再度遇到牠，他看起來比較老，悠悠哉哉。我接近牠的時候，發出那種全世界的狗都會發出的聲音，牠便停住了，轉頭看著我。那時候，我便知道他為什麼走在我的車子前面了：牠失去了左邊的眼睛。牠可能根本就沒看到我的車子，我輕輕地把牠抱起來，看了一下牠項圈上的牌子。上面有電話跟地址，問題是，我人在土耳其石大道，這隻狗住在幾個街區以外的紅寶石大道。牠小小的，又很親人，所以我決定把牠帶回牠家，噢對了，牠叫小熊。

我在門口敲門，沒人回應。我按了門鈴，一樣沒人回我。所以，我將頭探進側門，大喊：「有人在家嗎？」還是沒回應。這時，我的會議再幾分鐘就要開了，所以我得快點做決定。我開了側門，開始沿著房屋外側走，到了類似庭院的地方，我看到地上有一個喝水的碗，想著我可以留牠在這裡，突然不知從哪裡冒出一條狗衝向我，對我大叫。小熊在我懷中動來動去，我覺得這間可能不是牠家，所以倒退回側門，目光直直盯著那條狗。我在救援行動中，可不想被狗咬，我關上側門、保護小熊不受傷害時，我發現那隻跑過來對我們大叫的狗少了一條腿。我怎麼會抱著一隻獨眼狗，而有另一隻三腳狗想要攻擊我的腿呢？

讓小熊跟那隻氣呼呼的三腳狗在一起，應該行不通，所以我執行B計畫，手機打狗牌上的號碼。我打「9496492357」後按下播號鍵，我的手機竟顯示「傑夫米勒」。什麼？手機裡怎麼會有這隻獨眼狗的怪號碼？這不可能啊！這是傑夫米勒的狗？我大概從大學之後，有二十五年沒見過他了。

沒人接我的電話，也沒有預錄的語音歡迎詞，所以當語音信箱的電腦音講完，我說：「你好，我是馬修．艾莫茲安，我想我找到了你的獨眼狗小熊。請盡快回電給我。」我並沒有直接叫傑夫的名字，可能他也不再用這個門號，可能是別人在用。所以我等了幾分鐘，又等了幾分鐘。

沒人回撥。

最後，我看著小熊，說：「小朋友，你得跟我一起去開會囉。」小熊跟我走過幾條街，回到我的車上，我把牠放在腿上，再開幾分鐘，就到阿丁跟麥克斯的家。

阿丁看我從她家門口走道走過來，抱著小熊，立刻出來跟我們打招呼。

「馬修，你怎麼會抱著這隻狗？」我只能笑著跟她講發生的事。阿丁就像甜美的天使一樣，她說：「帶小熊進來，給牠一些水。」

我們的會議要結束時，我就在想我該怎麼做。我沒辦法整天都待在巴爾博亞島，我知道派蒂會很喜歡小熊，所以如果我把牠帶回家，她就會捨不得放牠走。但我也知道必須找到小熊的主人。當我整理包包時，我的手機響了，顯示「傑夫米勒」。我接起來：「你是傑夫米勒嗎？我們二十五年前讀同一間大學嗎？」他說：「對，但艾莫茲安，我的狗怎麼會在你那裡？」我跟他講發生的事，我們一起大笑，我問他是否能夠在他家碰面，我把小熊帶回去。傑夫說：「我很樂意，但我在夏威夷度假，我有找一個人幫忙看狗，你會介意開車把小熊帶回去，從側門送牠進去嗎？」我回他：「一點都不介意。」遲疑了一下，又問：「等一下，你家有另一隻只有三條腿的狗嗎？」

沒錯，那就是傑夫家的另一隻狗，牠只是在保護牠的家，而且對於我抱著牠的夥伴感到不快。終於，獨眼狗跟三腳狗開心的團聚了。後門也好好的關上並上鎖，我希望傑夫換了新的人來幫他看狗。

大衛最近要過七十五歲生日，他們夫妻邀請我跟派蒂去他的生日派對。我們很榮幸，但也不是很確定七十五歲的聽障人士的生日派對長什麼樣子。我們抵達餐廳的時候，大衛立刻跟我們打招呼，送我們到他的朋友旁邊，並再帶我們到另一群朋友，還有另一群朋友那邊。真是一位優雅的主人，就好像他很驕傲地想讓大家知道我們是朋友。我們除了馬上覺得賓至如歸，也知道那將會是我們獨一無二的經驗，因為所有的客人也都是聽障人士。我們一直笑、我們抱了陌生人、我們比盡各種手勢、用上各種臉部表情。

我們希望在場有許多人會讀唇語。

那真是一場特別的經驗，讓我們大開眼界。首先，我們一直跟人「對話」。真實的社交，每個人在那邊都很開心，那也是我們第一次到了一個地方，裡面有四十個人，沒有一個人在看手機。吃飯的時候，桌上也沒有手機，也是我好幾年來沒看過的景象。他們全部都看著彼此，可能是因為他們必須這麼做，因為這就是他們溝通的方式，但看起來好美。真實的關係、真實的對話、真實的社群。

吃完飯後，大衛的好友站在一個像臨時舞台的地方，用手語演講，說的是大衛的生命故事。幸好有手語翻譯，我們能夠了解他講的內容，也更認識大衛七十五年的人生。演講結束時，他朋友問說是否有人想要說幾句跟大衛有關的話，鴉雀無聲，用詞有點奇怪，因為慶生會裡幾乎所有人都是聽障人士。但很明顯沒有人想上台分享，突然派蒂舉起手，說：「馬修有話要說。」我還來不及反應，她便讓出空間，讓我可以走向舞台。被太太陷害真是太好了。我必須上台，雖然她很愛笑我總愛挖坑給自己跳，但她其實很喜歡，也覺得很有趣。

我先說，我其實不會手語，我也沒有跟翻譯員合作過。而且，在場的大多數來賓都認識大衛幾十年了，我只認識他三年，但我已經對他有足夠的認識，能夠分享幾句，讓他了解他對我來說、對這個世界來說有多重要。

我與在場的人分享，我有多喜歡在星巴克遇到大衛，開始我的一天。他有如一道明亮的光芒，我描述他是如何以愛與包容跟大家打招呼。我看著大衛，讓他知道我有多感激我們成了朋友。大衛的眼眶泛淚，我也是。

兩個過著截然不同生活的人，儘管在溝通上有所阻礙，但我們因為想讓人感覺更好、我們對生命的熱情、我們想成為朋友，而產生連結。

我在結尾的時候，突然靈光一閃，想到一個我能分享的故事。問題是，這個故事有點限制級，我尚未認識在場的所有人，所以我不確定該不該講。但我決定還是講了。

我跟大衛剛認識的時候，僅僅是短暫的交流，一個微笑、碰拳頭、比大拇指、或者揮揮手。有時候，我們坐著、在星巴克紙巾上以筆交談，但談的內容比較淺。換句話說，我們還不大認識彼此，像是個性、幽默程度等。

某天早上，當時我們還在禮貌的新朋友階段，我排著長長的隊，大衛走進門，大門跟結帳櫃台位於店裡兩側，我們相隔約四十英尺。我們很快地就對上眼，大衛將右手的手掌放在左臂的前臂上，靠近肘關節，然後將左臂向肩膀彎曲，好像在做二頭肌彎，換句話說，大衛剛笑著對我打了一個「去你的」手勢。

我知道他在開玩笑，但我不確定我們的關係到什麼程度，所以我決定跟著他走，我將我的手掌放在手臂上，回敬他，一樣也是全程都笑笑的。但大衛的臉部表情很快變了，兩手放在身側，說：「為什麼你要罵我？」所以我就再笑著做了一次。

我點完餐後，走到他的桌子，坐下，格格笑著。我覺得我跟大衛已經到了那種好玩、互講垃圾話、很健康的友誼階段，感覺不錯。大衛拿一張紙巾，在上面寫東西。他傳給我之前，用手臂重複比了同一個「去你的」手勢，指向紙巾，上面寫「早安！」

大衛只是想跟我說早安，我居然回敬他髒話，還罵了兩次。我只能以乾笑掩飾我的尷尬，我真不敢相信發生這種事。我將手舉高，掌心朝向他，希望獲得他的諒解。他真誠地笑出來，並跟我擊掌。我們的友誼又進到下一個階段。

我分享了這個故事之後，所有人哄堂大笑。人們都笑得流眼淚了，大家很喜歡。

我轉向大衛，給他一個擁抱，我們度過了一個特別的時刻。我走回座位，然後坐到派蒂旁邊輕聲說：「寶貝，妳死定了。」

我們許多人，日復一日，待在我們與外界隔離起來的私人泡泡，我們做例行公事，每天開一樣的路上班或上學、去商店，我們在同一間餐廳點一樣的餐，我們看一樣的節目、我們把自己鎖在自己的小世界、像戴著眼罩的馬。

在此同時，生活的步調越來越快，我們越來越忙，我們不斷覺得時間永遠都不夠。為了回應這樣的感覺，我們什麼都要快快快。我們用微波爐、得來速、找最短的隊伍排、開車超速。

加上我們螢幕解析度4K以上的智慧型手機，永遠不離身，讓我們跟周遭的世界失去連結，每天對周遭的驚人之美置若罔聞。除非你從不踏出家門一步，否則你每天會遇到非常多的人，但你可能根本完全沒注意到。最慘的就是，因為沒注意到，我們錯過了許多生命中的驚奇跟片段。我們也錯失了數不盡的機會、能夠為人服務，或者幫人知道他們有多重要。

一想到我可能不會認識大衛，就覺得震驚。我知道大衛知道他對我有多重要，我對他有多重要，一想到我如果沒有抬頭，看到小熊正要過馬路，我如果來不及反應的話……我真的不敢再想。

所以抬起頭吧。讚美別人，祝別人有個「美好的一天！」，也不要再死盯著咖啡師，希望你可以快點拿到咖啡。並不會。相反地，試著跟他們說「哈囉」或者問他們一個問題。這有可能是他們一整天從客人那裡聽到的唯一一句「哈囉」或者問題。

我們抬頭，就能看見。我們看見了，就能感覺。我們有感覺，就能幫助他人。

採取行動

想一個你每天會看到，但還沒有時間真正認識的人，可能是乾洗店的店員，公司的警衛、銀行的出納員、你的園丁、或者幫你送信的郵差。你可能會很驚訝，每天居然會遇到這麼多的人，而且這些人都是服務業、為你服務。下次看到他們的時候，想一個方法，讓他們知道他們對你有多重要。對他們來說，將是很有意義、也是很棒的驚喜。有創意一點、關懷一點、酷一點。

日記提示

寫下一個某人抬起頭、注意到你的經驗。我指的不是在酒吧或者餐廳裡被搭訕。我指的是有人真的注意到你、花時間讓你知道你有多重要。可能是新工作的、新學校或新教會的第一天。或者是你社區附近的星巴克。他們做了什麼，讓你感覺受到注意？可能是簡單的手勢，或者還有更多？你感覺如何？如果有的話，這如何幫你聯想到你可以為他人做一樣的事？

註：如果沒有的話，這也可以是一個助力，使你現在開始這樣做。

談話範例

以一分到十分，十分為最高，你會對自己跟周遭的連結程度打幾分呢？你要如何才能更關心四周、有更多互動呢？

8

出現

成為朋友，才能擁有朋友

我寧願與友人在黑暗中同行，也不願獨自在光裡行走。

海倫・凱勒

生命本來就不是孤孤單單的。我們是社交性的生物，密切地需要他人，才能生存、繁榮。內向者，不好意思，對你來說也一樣。問題是，我們常常做著各種讓我們離開社群、讓我們不去交朋友的事。相反地，我們還抱怨：「現在交朋友真的好難。」我常常聽到別人說這句話，而且我真的覺得很煩。我有一個解決辦法：不要再抱怨沒辦法交朋友了，應該換句話講：「今天，我的重點就是與某個人當朋友。」不要再有受害者的心態。不要再坐在家裡，等新朋友敲門。這將能使抱怨減少，而且使朋友增加。

我父親在我年幼時就了解這個概念，並與我跟哥哥分享。我永遠記得他的金玉良言：「你必須先成為別人的朋友，才能交到朋友。」這真是我學過最珍貴的一課，我也將這句話跟名言融合：「成為你想在世界上見到的改變。」我說：「成為你想在世界上擁有的朋友。」

但當朋友不容易，我們都曾經因為朋友受過傷，他們讓我們傷心、不再信任別人，在我們最需要他們的時候，無法來我們旁邊。似曾相識嗎？但我們不能因為這些傷疤而不去與他人互動。我們仍然必須獻出完全的自我、脆弱、恐懼、所有的一切，來打造那種我們迫切想擁有並需要的友誼。

我們也不能騙自己說社交媒體上的友誼，就是我們所需要的那種深刻、必備的友誼。抱歉，沒有人能夠擁有超過一千個真正的朋友，友誼重質不重量，如果真要說什麼，在社群媒體上所花的時間，就會占去我們跟能夠建立真正友誼的稀少時間，讓我們雖然有著連結、但又如此隔絕。我聽起來有點像個老古板，但我記得有一段時間，人人都認識自己的鄰居，我們知道他們的名字、我們跟他們借東西，像是麵粉或牛奶。我們甚至在他們出遠門的時候幫忙收信。

電影《願與我為鄰？》的羅傑斯先生的智慧，已不見於今日。最近的皮尤研究中心研究顯示，只有31％的美國人說自己認識全部或大部分的鄰居，在郊區是40％，在都市是24％。我覺得這個想法很驚人。隨著都市的人口不斷擴張，認識鄰居的比例也隨著往下掉。

為什麼會這樣？因為我們不再相信彼此了嗎？我們曾受過傷……甚至因朋友而受傷。我們已經從「隨時敲我的門」到「燈暗的時候敲我的門」，到「永遠別敲我的門」，或者是自從C．G．強生在一九二六年發明車庫鐵捲門，讓我們進出家門都不用看到任何人。

我覺得這些都有可能，但這些都只是藉口，真正的原因，是因為我們沒有花時間走出門外、向鄰居自我介紹。我們沒有在他家門口放張「有幸與你為鄰」的卡片，我們沒有辦街坊派對，這就是我們不認識鄰居的原因。我們沒有去嘗試、這也就是為什麼我們覺得交心的朋友不夠多。我們並須先擁有，才能使我們改變⋯就算沒人要求我們這麼做。

我開車前往墓園的時候，往往心情都不是很好，但這是我們在生命中必須做的事情之一。我用「必須」，因為這是一個對於我們失去的親友及其家屬的溫馨舉動，也向他們表示敬意。這也可以讓他們知道他們對你很重要的一種強烈的方法。我這次前往福樂紀念公園，陪伴我喪父的朋友羅勞勃。

這次的葬禮有幾項小細節。首先，我從沒見過勞勃的父親，再來，我跟勞勃也不是非常熟，他是我西好萊塢泳池克魯小丑樂團的成員，我們互相認識，但總是那種「你好嗎？你這週過的好嗎？今天想要認真游還是輕鬆游？做得好，伸展得不錯，晚安。」明顯地，游泳這項運動不需要太多交談，所以這也沒什麼幫助。但勞勃跟我們提到他最近父親過世，他也把細節貼在他的臉書頁面上，第三件事，就是勞勃不知道我會參加。我想我可以給他一個驚喜，幫他打氣。

我抵達了，進入福樂紀念公園的珍珠色大門，尋找羅家墓地，我想裡面大概就只認識勞勃。我看到一大群華人聚集，所以朝那邊開並停車。看起來才剛剛開始，所以我慢慢地走到隊伍後面，悄悄地進入站著的人群中。大概有一百多人朝向棺木站著，家屬坐在我們前面的椅子上，同樣面對棺材。我看到他們背對我們，鬆了一口氣，因為我不想要勞勃知道我遲到了一下下。

我很快注意到幾件事。首先，告別式不是以英文舉行，所以我大多都聽不懂。再來，我是唯一的高加索人，有六呎三吋高，也不是穿黑西裝打黑色領結的人。還真不好融入，但我跟幾個人點點頭、微笑之後，我便覺得很自在。

儀式很美，我與合唱團一同唱「奇異恩典」（我唱英文）。我也掉淚，因為身邊的好多人都在哭。我感受到這個人曾散播給這世界的愛，我也為我朋友勞勃悲傷。很顯然，這一天對大家都不好過，隨著時間過去，我都很慶幸決定來參加。

演講的部分結束後，福樂紀念公園的工作人員快步走向站著的群眾，給我們一人一朵紅玫瑰。主持人以中文解釋，在華人的傳統，遺族會跟逝者告別，走向黑色棺材，並在上面放紅色玫瑰，我們剩下的人就跟著。我不安地等著親屬起身、背對我們、走到棺材的另一端告別。

等等，勞勃在哪裡？他怎麼會不在他父親的告別式上？這太可怕了！我拉著旁邊福樂紀念公園的工作人員，問：「這是羅先生的告別式嗎？」她說：「不是，這是吳先生的告別式，羅先生的告別式十分鐘後在那邊舉行。」，並指向我們身後的一座小山丘。

我轉過身，看看她指的是哪邊，果然我看到另一群黑髮、黑西裝、打領帶、比我矮的一群人開始聚集。我剛參加了完全不認識的人的葬禮。難怪我一到的時候，就有一些人打量著我，我就是葬禮的不速之客，但我哭了，也唱了，我對於這家人的悲傷感同身受，我以為是為了勞勃，但不是，其實是一家陌生人。

我甚至以為他們說的、唱的是中文，但其實是韓文。「現在我怎麼辦呢？」我思考。

我慢慢地、安靜地後退幾步，若無其事地看著我們周遭的墓碑，看起來低落、沉思的樣子，也避免跟人眼神接觸，我終於到公園最後端，我注意到有一個墓碑上面沒有任何花，所以我輕輕地把紅玫瑰放上去，便直直走向羅家的告別式，頭也不回。

我到了羅家告別式，立刻就看到勞勃，他也馬上就看到我，笑著朝我走來，大概還有三十碼遠，他給我一個大大的擁抱，感謝我前來。他看起來很驚喜，因為他很感動我在場。他說：「但為什麼從那邊走來？」

我看著他說：「勞勃，你絕對猜不到剛發生了什麼事。」

當我說，我的崩潰讓我成了更好的人，我真正的意思是，這改變了我與人互動的方法。首先，我的同理心跟同情心變得豐富，現在我看到任何人，就算是完全不認識的人，我都盡可能讓他們覺得受重視。就好像我跟他們說：「我在這，我願意跟你當朋友。」可能是簡單的微笑或者招呼。對，在電梯裡也是一樣。我就是那種在電梯裡會跟人聊天的人，派蒂覺得很奇怪。我彷彿聽得到她說：「寶貝，你不應該跟同電梯的人聊天，很奇怪。」為什麼？這真是我聽過最蠢的話了。若覺得我應該站在這個移動中的高八呎寬十呎盒子裡，像被催眠一樣盯著數字，假裝離我三吋以外的人不存在，這樣的想法才怪吧。

大家都知道我常常抓別人的長處。放輕鬆，我指的是手肘的那一層皮，不知道為什麼，抓手肘皮的時候別人都會發笑，有空可以試試。我也不怕拍別人屁股，說：「好棒的比賽！」儘管我們根本沒在玩什麼遊戲，或運動比賽。我會這麼做，是因為這能夠讓人發笑，讓人卸下防備，讓他們抽離腦中的思緒（或者泡泡）、活在當下、感受開心的一秒。當然，我也會做一些有意義的事，像是問問題、打電話給某人，沒有事先規畫的、說我愛他們。

我沒有為這些技巧申請專利，所以你儘管拿去用，好好玩。我保證你現在的友誼會更加茁壯、並且建立新的關係。先做別人的朋友，人們只是在等待邀請，邀請你讓他知道，他對你來說很重要。

羅家告別式跟吳家告別式一樣莊嚴。同樣地，我一個字都聽不懂，顯得格格不入。我哭了，這次我真的把另一朵紅玫瑰放在對的棺材上。告別式結束後，勞勃抓著我，說他想把我介紹給他的家人。他的確介紹了，也跟他們講了我在吳家的經驗。整個家族的人都笑瘋了。我不確定在福樂紀念公園裡，是否有人笑得這麼開心過，儘管是在笑我出洋相，我也一起大笑。我想我們也再度一同哭泣。

勞勃跟我說：「謝謝你在這天給我帶來歡笑，我今天根本沒想過會有開心的時刻。」他說：「我的家人也謝謝你，想邀請你到我們的私人家族餐會，他們會很開心你也來。」當然我接受了這個邀請，我很榮幸成為羅家的一分子。

沒錯，有時候你必須成為朋友，才能得到朋友，就算你得參加錯的告別式。

採取行動

想一個你幾年沒聯絡的朋友。打給他，問問近況，告訴他你想他，希望能夠敘敘舊，更好的是，如果他住得離你不遠，可以一起去吃午餐或喝咖啡，一起度過一些時光。當你看到、或者跟這個人講話的時候，問他你可以做什麼，成為更好的朋友。有人這樣問過你嗎？這將是個美好的經驗。對了，先說清楚，如果這個朋友大概離你車程幾小時的地方，就算「近」了，當面跟他交流吧。

日記提示

交朋友或者當朋友的時候，是什麼讓你不那麼活潑呢？誠實面對自己，是因為過去的經驗嗎？或者是曾經有朋友傷害、背叛你嗎？幫自己寫一張許可單，正式地放下這個過去的傷痛、失望、恐懼、經驗等。如果你不是很確定是否該寫下來，別擔心，我授權你，讓你往前看、重新振作。我們的人生中都需要有意義的友誼，別讓任何東西阻擋你。

談話範例

你認為社交媒體在發展有意義的關係上，是有助還是有害呢？為什麼？或為什麼不是？

9 活在當下——時時刻刻都重要

我不是努力變得有效率，我努力活在當下

鮑伯・戈夫

最近的新年假期，我跟派蒂想了我們有史以來最棒的新年新希望。跟大多數人一樣，我們都想要變瘦、停止某個壞習慣、賺更多錢等等，畢竟，誰不想要更健康、更有錢？但今年我們做了一些改變，我們下定決心，要開始一個新的習慣。你上一次找到新的嗜好，並投入其中是什麼時候？不是那種幾個月就出現一次的承諾，而是發自內心、誠實的努力？我的答案很簡單：非常，非常久以前。

派蒂決定要學斑鳩琴，但我先說，這大概是她講過最酷的發言了。不要誤會，我的太太又酷又性感，但班鳩琴？真的嗎？這跟我們有一年為了萬聖節去南瓜田，她懷裡抱著一頭公羊朝我走來有得比。我真是服了她。

我交代一下背景知識。派蒂來自喬治亞州跟北卡羅萊納州的交界，一個叫做立近落格蓋普的地方。我對立近落格蓋普不熟，我也不知道這邊有什麼值得認識的，但我知道她家人喜歡在前陽台煮飯、邊彈著斑鳩琴邊唱歌。藍草音樂在立近落格蓋普很流行，所以派蒂非常喜歡這種風格。

我的興趣沒那麼酷又性感，但已成了我生命中不可或缺的一部分。我和我哥小的時候，爸媽夏天常帶我們去高爾夫球與網球營。我從未真正喜歡高爾夫，可能因為我太活潑了，但我總是非常喜歡網球的營隊。我記得我爸媽買給我第一支，也是唯一的一支網球拍，是Donnay Borg Pro的。不是我在說，但比約恩・博格在一九七〇年代末期的網球職涯真是達到最高峰，我小時候大概就是那時候前幾年。我的Donnay Borg Pro網球拍好漂亮。黑色石墨包著木材，球拍框上面有紅色和橙色條紋。不知道為什麼，但我至今仍留著這個網球拍，並且還是覺得它超酷。所以照邏輯，當然，或者也沒那麼理所當然，我決定該是重新練網球的時候了。畢竟，只是短短中斷了四十年而已。

雖然我們的新嗜好差異很大，但這對我們來說是很大的祝福，也讓我們以新的方式連結在一起。派蒂能夠表現出她具創意的一面，並與家庭的根重新連結。我能夠好好運動、認識新朋友，一些我過去在生活中覺得缺少的元素。托盧卡湖網球與健身俱樂部成了我新的西好萊塢泳池。真棒。

每週六、日早上，我們一早約在俱樂部打球。這群人很有趣，有窮困的術家、極為成功的商人、年輕人、老年人、高的、矮的、白皮膚、棕皮膚、黑皮膚、同性戀、異性戀、網球打得好的、技巧極優秀的。我們各種人都有了。我們每個週末都會「臨時」過來打球，意思是我們直接過去，看誰在那裡，就開始討論對打、開戰。就好像隨機的籃球賽。

這週六，我跟一名叫馬蘭的紳士一組，馬蘭是來自伊朗的五十八歲男士，身材魁武如坦克、像中後衛球員、肩膀寬厚強壯。但他也留著一頭灰色長髮、灰色鬍子、戴著一副銀色圓框、鏡片很小的眼鏡，他給人的感覺像聖誕老人一樣溫暖，親切。我跟馬蘭不大認識，但他總是以歡迎的手勢與人打招呼，並偶爾聊上幾句。那天之後，我們更認識彼此，因為我們是雙打夥伴。

我們好好的打了九十分鐘網球後，我跟馬蘭一起坐著休息、喝冰水、用俱樂部發的那種白色毛巾。我們回顧了球場上的精彩時刻，馬蘭說：「馬修，我想問你一個問題。」我說：「好啊，希望我答得出來。」馬蘭接著說：「我知道我們不是很熟，但我相信問你是對的。」這時馬蘭還不知道我做什麼工作，所以他會想找我問這個問題，讓我覺得很訝異，但我接受。他問說：「馬修，你覺得人變老的時候，人生變得比較簡單還是更難呢？」我喝了一口水，用毛巾擦一下臉，說：「馬蘭，你知道，這是一個很大的問題，所以我需要花時間想一想再回你。」但我發現，我必須跟他講點什麼，我覺得如果有人會問這個問題，就是因為他們的人生變得更難了，而不是更簡單。我透過他的小鏡片看著他的眼睛，我看到了一個渴求答案的人。他需要我全心全意、專注的、當下的注意力。

就在一週之前，我去北卡羅萊納州開會。我們住在伯班克機場旁邊，這也是我們家在美國最喜歡的機場，好像這座機場五十年前建立之後，就一點都沒變。所以如果我能從伯班克機場、而不是洛杉磯國際機場出發，我一定會把握這個機會。

除了方便，伯班克機場的另一項優點就是你會在停機坪登機（與下機）。沒錯，他們仍使用那種移動式的階梯，你需要走去柏油路，走到第一個樓梯，往上走進飛機。如果這還不夠厲害，在伯班克機場，你可以從飛機頭或引擎的地方上飛機。超酷。

我身高六呎三，有紮紮實實的兩百三十磅，所以我總是訂走道位。因為我打水球，所以肩膀練得很寬，有個額外的空間也挺好的，所以跟往常一樣，在乘客陸續登機的時候，我坐在走道位。

那一天，我們在停機坪的時間有點久。這通常是因為飛機有點問題，或者是有乘客遲到。但因為是伯班克機場，所以有人稍微遲到也沒關係，不過停在柏油路上，乘客登機的心情就不是很好，因為艙門打開、冷氣沒開，飛機溫度升高。大家變得不耐煩，想知道為什麼遲飛了。有些人甚至想上洗手間，空服員有點不高興，因為他們希望大家都坐在位子上。機上暴躁的情緒一觸即發。

罪魁禍首出現了，最後一名乘客跑上飛機，看起來很慌忙。他是個年輕人，大概三十歲左右，一身黑捲髮，下巴的鬍鬚長到肚子，我看著他在走道上走，我看出他臉上的壓力，當他坐在我同一側的走道位置時，我便感受到他的壓力。

他把他的袋子塞進我上方、還有我前方那位先生的置物櫃，又把另一個袋子塞在他前方座椅下方。他每一個動作都是不穩定、慌張的。他把手機摔到座椅把手好幾次，他大力跺步，好像在打鼓，他前後搖來搖去，將額頭貼在前側的椅背，也忍不住一直拉自己的鬍子。

我看得更久一點，就發現我旁邊的人開始覺得不耐煩，他們開始發出一些抱怨、翻白眼，似乎在想飛機上其他地方是否還有空位，能不能換過去。這些都發生於我們飛機還沒離開登機口的時候。

我坐在那邊，來回思考兩件事：一、我知道在飛機上感覺不舒服、焦慮是什麼心情，所以我能感同身受，也想知道我是否夠幫忙；二、這個人即將引發一場爭執，我將被迫出現在某個人手機錄下的空中爭執影片。不管怎樣，接下來會發生的都不是件好事。

他抽出前方的機上雜誌，開始猛翻雜誌，每翻一頁，他就扯一頁，每一頁，大喊「幹」，存心想製造騷動。他根本就跟雜誌有仇，大家快要受不了了。當我正覺得情況要失控時，神奇的事發生了，他在扯著另一頁時，翻到填字遊戲的那一面，他停了下來。沒錯，每一本機上雜誌都有填字遊戲，我現在對填字遊戲心懷感激。

他盯著填字遊戲，大概一分鐘，便開始找他身上是否有原子筆或鉛筆。他找得越久，感覺越有侵略性。媽的，他沒有原子筆也沒有鉛筆。現在該怎麼辦。我立刻從包包裡拿出一枝筆，說：「嘿，你是不是在找筆玩填字遊戲？用我的筆。」

這是我們第一次眼神接觸，對我來說有點恐怖。他說：「謝啦，真感謝你。」然後就拿了我的筆。

我正覺得自己化險為夷，一分鐘之內，他又看向我說：「你的筆還你，我覺得我現在沒有力氣解謎，但還是謝謝你。」便把筆還給我。這時，我必須做決定，我可以接回那枝筆，不理他，或者持續與他互動。我決定採取後者。「所以，你往北飛是出差嗎？或者你住那邊要回家？」我跟理奇便聊了一整趟旅程。

他完全放鬆，腳不再踏地、手放在腿上休息、他微笑、大笑、真實的產生連結。我發現他是一名企業主、已婚、有兩個小小孩。更棒的是，他也問了我的生活以及我的事情。他是真正的紳士、有美好的靈魂。我也得知理奇一些事情，使他先前的舉動都合理了。他患有亞斯伯格症候群，他的兩個小孩也患此疾病。我們並沒有聊到他戲劇化的登機，但我能理解某些事情，像是搭飛機對他來說並不容易，而且他也經歷了一些困難的時刻。

下飛機之前，理奇給我他的名片，說：「很高興認識你。」幾乎承認那是一個對他來說有意義的時刻。

馬蘭跟我喝了一口水，我試圖回答他的問題。「我相信當我們變老、人生變得更複雜，每過新的一年，就有新的體驗、新的喜悅、新的悲傷、新的磕磕絆絆、新的問題，這都是成為人的一部分。我相信，這些經驗讓是我們生活更簡單、或者更困難，存乎一心。如果我們的看法不改，如果我們不重新下定義、像是成功的定義、過好生活的定義、人生就會變得很困難。」

馬蘭開始眼眶泛淚，我能感受得到他沉重的心情。我們繼續聊天，得知他是一位專門設計摩天大樓的建築師。

很隨機，但我知道一點點摩天大樓界的那種自戀、自我驅動的精神，跟馬蘭聊到這個，我們都笑了。我也得知馬蘭跟太太即將面臨空巢期，不是件容易適應的事。

我與馬蘭分享，我們是如何窮盡一生，想要功成名就，獲得某種程度的成功，但似乎永遠都辦不到。我們永遠覺得「不夠」，我們也不覺得「夠了」，滿心空虛、困惑，因為生活似乎沒有變得更好，而是更困難了。我鼓勵馬蘭去研究如何在人生中找到更多目的、重要意義，我分享了一些自己的故事，希望有所幫助。

馬蘭謝謝我所花的時間，還有我誠實的回答。他站起來，給了我一個大大的熊抱。這個對話對他來說意義重大，對我也是。這對我們兩個人來說，都是很重要的時刻。

人生是由不同時刻所定義，特別是重要的那些。我們能夠給予別人最大的禮物之一，就是完全專注的注意力。首先，這代表我們花自己的時間，而這時間一去不復返。第二，這代表了，不管當下、那個人需要的是什麼，我們都支持他，而他很重要。但我們有多常從別人那裡得到這樣的禮物呢？我們有多常不理會其他東西，不管是裝置、思緒、需要，只存在那個當下，真正的與人連結，支持某個人呢？事實是：還不夠多。

我們應該更活在當下，與他人產生更深的連結，創造出有意義的時刻，發展成為有意義的關係。若沒了這些，人生可得過得很苦，在任何階段都是。

採取行動

在生活中跟某一個人建立「活在當下的夥伴」系統，目的就是，在特殊的時候，雙方都同意給予彼此當下完全的注意力。當然，我們希望在任何時候、任何互動、任何關係都希望能夠有完全的注意力，但這個不一樣。這個人，就是在當你有難關的時候、做人生重大決定、需要某些專心地連結的時候能夠去找的人。這個系統，就是同意雙方成為彼此的後盾，傾聽、不下評斷、不分心、提供充滿愛的回饋跟意見。這就是那些極具意義的時刻。

日記提示

寫下來、並回答這些問題：

上一次當你真的很需要人陪伴、而他們沒辦法出現，是什麼時候呢？發生什麼事了，你的感受如何？

上一次當你真的很需要人陪伴、而他們真的出現了，是什麼時候呢？發生什麼事了，你的感受如何？

上一次當別人真的很需要你的陪伴、而你沒辦法出現，是什麼時候呢？發生什麼事了，你的感受如何？

上一次當別人真的很需要你的陪伴、而你真的出現了，是什麼時候呢？發生什麼事了，你的感受如何？

談話範例

當你試著跟某人交心的時候，有什麼是你不能忍受的小動作呢？舉例來說，他們不斷打擾、或者他們不斷看手機、或者看你的肩膀後方？或是講話的人墨鏡沒拿下來？抱歉，這些是我不能忍受的小動作，想看看你可以想到幾個。然後，看看有那些是你自己會做的小動作。好好玩，但也試著從中學習。

10 有創意——寫下來

若光有善意，但不去行動，不管多小，都是浪費。

伊索

對艾莫茲安家族來說，那天的加州莫德斯托，是讓人欣喜的時光。我的佛羅外婆，即將滿九十大壽，我們準備幫她好好慶祝。

我喜歡我的外婆跟祖母。阿娜希，意思是「安妮祖母」，或者「安妮巴拿尼」，是我媽媽的媽媽，活脫脫是個開心果。她非常喜歡惡作劇，因為笑得太誇張，常常尿褲子。她只需要自己，跟不知情的受害者。我另一個祖母，佛羅倫斯，我們也叫他「佛羅外婆」或者「佛羅摩」，喜歡事情都照秩序走。佛羅有她機智的一面，但她的好腦筋才是最讓我們佩服的地方。頭腦非常清楚，反應非常快，也是莫德斯托市好幾屆的橋牌冠軍。

佛羅也很喜歡過生日，特別是因為大家記得她的生日、寄卡片給她。她最喜歡收也收不完的生日卡片、每年清點那些卡片。九十大壽還蠻重要的，所以我媽就為佛羅準備了一個驚喜。她聯絡了所有她認識，也認識佛羅的人，請他們寄一張生日卡片給佛羅。這時就要來一點鼓聲……。

到了她九十歲生日的那天，佛羅外婆收到破紀錄的一百零七張生日卡，她高興得不得了。

我記得她說：「我不敢相信這些人都記得我的生日。」她臉上有著大大的笑容，以及一點驚訝的表情，感覺好像在世界的頂端。我媽準備的可能是我看過最棒的生日禮物。太棒了。

我跟羅伯特每週至少會在他最喜歡的地方吃一次午餐，就是文圖拉大道的史丹利餐廳。我們走進餐廳的門，有如皇家駕到。畢竟，是羅伯特・卡戴珊。但羅伯特從來沒有這樣想，也沒有認為自己比別人高一等。羅伯特會跟所有人打招呼，待他們像家人一樣。他認識服務生、侍者、主持、老闆、每一個人都看過他的笑容跟關心的眼神。不管他們跟他講什麼，他總是回答：「那很好！」或者「那很不錯！」換句話說，他能夠在幾秒鐘之內，讓整個房間的氣氛變得愉快、提振大家的心情。

我跟羅伯特坐著，享受桌上的沙拉，也是羅伯特在史丹利最喜歡的餐點，我發現他吞嚥有點困難、有點緊張、我看著他試著清喉嚨、偶爾還看到他皺眉頭。我發現我的沙拉快吃完了，但他還剩下超過半盤。我決定問問他是否身體還好。

羅伯特說：「我們在科莫湖的時候，我覺得吃像麵包這樣的東西，有點吞嚥困難。」羅伯特剛從義大利度假兩週回來，他已經期待這趟旅程好久了。我問他是否看過醫生了，他說他沒去，但他打算去。他把剩下的沙拉打包，我們走回辦公室繼續上班。

一週之後，羅伯特來到我的辦公室，告訴我一件我希望永遠不會發生的事。他說：「夥伴，記得我吞嚥有點困難嗎？結果我發現我得食道癌，今天是我第一次化療。」

我非常震驚、嚇到了，我看著他的雙眼說：「你會堅強、相信自己會渡過這一關。」他回答：「如果癌症跟化療沒有帶走我，我一想到你要管我的公司，就讓我受不了，所以我會繼續治療。」他咧嘴笑著離開我的辦公室。他讓我相信，就像他遇過的所有人，所有事情都會好轉。

遺憾的是，那些就是羅伯特對我說的遺言，那也是他走之前，我見他的最後一次面，他五週之後就離開人世。羅伯特的癌症很嚴重，他身體裡的系統受到強烈攻擊，在五週之內就掉了五十磅，而且他也不想要我們看到他那個樣子。我們每天走進辦公室，都會從他女兒，或者他的資深助理芭芭拉那裡聽到一些消息。每聽到一次，我們都會倒抽一口氣，情況非常不好。

但我得做一些事。我愛這個人，他是我的朋友、導師，我遇過最善良、最有愛心的人。他愛他的家人、妻子、他在我的職涯裡帶來重大突破，我永懷感激。在旁邊坐著什麼事都不做，我覺得不行。

有一天，我在開車回家的路上，因為想到我媽替佛羅外婆準備的生日卡驚喜，決定加入一點自己的創意。我的祖父查理，安妮的先生，因為白血病過世。醫生告訴他還有六個月能活，但他活了超過十三年。我並不是指他只是多活了十三年，他真實地活出每一天。他仍然每天工作、協助他兒子麥帝，也就是我叔叔，營運家庭事業。不論颳風下雨，他都參加他孫子查德跟布蘭帝的比賽、重要時刻。他也常常開車在弗雷斯諾附近，分送一箱箱蘋果給親朋好友。他對生命、對人們的熱情，加上他的堅毅、正面的態度，讓我祖父破除了原本只能活六個月的魔咒。我相信羅伯特也做得到。

我朋友凱莉跟我一起想到這個法子，我們設計並印出了 5 乘 7 吋的激勵卡片、我每天上班的路上，就能寄給羅伯特。卡片上面有激勵小語、歌詞、經文等等，各種能夠讓他提振精神的東西。我每天上班，就會放一張卡片到路邊的藍色郵筒。我會這麼作，因為我沒有寫回郵地址，而且我也不想要他在信封上看到西好萊塢的郵戳，羅伯特很精明，他一定知道是我寄的。

每天早上，持續四個半星期，我會停下車，把一張卡片丟到藍色郵筒，從不間斷。到了公司，我偶爾會聽到一些人討論那些「爸爸收到的超酷卡片」，但沒人知道是誰寄的。我繼續自己的工作，沒講一句話，希望那些卡片有用。但我後來接到羅伯特家的人打給我，跟我說他剩下的時間不多了，希望我可以過去跟他道別。

他的家人送我到羅伯特的房間道別，我第一眼看到的就是羅伯特，躺在一張家人買的病床上。我的心沉了下來，我很確定他真的快走了。

但我的目光從他的臉移開，慢慢地看到他床邊的牆，我驚呼了一口氣，因為那裡放著……我的卡片。超過四星期量的卡片，一張張貼在他床旁邊的牆上，所以他能夠讀每一張。

我的淚止不住的往下掉，我再度看向他的臉，他的眼睛打開，我對著他苦笑，彷彿在說：「是的，我可能就是那個寄卡片給你的人。」我告訴他我有多愛他、在他額頭上親了一下，並離開。一週之後，我出現在羅伯特的告別式，手裡還有七張卡片。我覺得這些卡片是羅伯特的，所以決定將這些卡片放在他的棺木之上，但最後一刻，我決定將其中一張留給他的家人。

這張卡片是我最喜歡的一張，因此我希望他們能夠留著。出自一首著名的歌，在困頓、黑暗的的時候、聖母瑪利亞現身安慰，訴說智慧話語。我想你應該知道這首歌。羅伯特最喜歡的樂團就是披頭四，他最喜歡的歌就是「Let it be」。

在我們向他最後一次道別，跟羅伯特一起的最後一刻結束後，聲音從音響傳出，我們全部的人安靜的站著，聽著披頭四的「Let it be」，那也是整個儀式裡唯一的一首歌。

佛羅外婆在過九十歲生日之後，又活了三年。到了最後的時刻，她依舊思緒敏銳。我永遠記得，我走進她的病房要看她的時候，佛羅跟一群她想要我見的護理師跟我打招呼。過去十五年來，她不斷跟我說，如果我還沒遇到想結婚的那個女生，就不會離開。我很快就發現，這些可憐的護士得一遍又一遍聽著我的人生故事，看著她帶來的我的照片，在病房內尷尬的集合，等著我的到來。

雖然佛羅在生命的最後，未能成功湊合姻緣，她也做了一件至今仍影響我們的事情。她過世之後，我們幫她整理家裡，發現一個她留下來的珍貴寶物。我的外婆保留了她收過的每一張卡片，包括她一百零七張九十歲大壽收到的卡片，更棒的是，她把這些卡片都放在鞋盒裡面，依照寄送者的名字分類。

這表示，每位家人都能夠收到他們曾經寄給佛羅的卡片或者紙條。我知道她收到這些卡片的時候，一定對她來說很重要，但我認為，從她那裡得到這些回來的卡片，一定更具意義。我現在可以坐著、跟我手上厚厚一疊橡皮筋捆起來的卡片，重新閱讀、又感受到那些跟我外婆一起共度的共同珍貴時刻。我彷佛看得到我寫每一張卡片的時候坐的位子，裡面的字句讓我想到我對她深深的愛，那些感謝的回函，也僅是她慷慨的象徵。我好感謝佛羅跟她的卡片，就好像佛羅不知道我媽「號召」了這麼多人寄給她九十歲生日卡片，我們也不知道佛羅有這麼多滿滿的鞋盒在等我們。

手寫的卡片有一些獨特之處，不能用大拇指操作、不能按個鍵就刪除，而且說老實話，在這個世代，不幸地很少見，幾乎要絕種了。但我們有紙有筆，有力量，我們能讓別人知道他們對我們來說有多重要。就算用麥克筆在便利貼上寫的紙條，也能夠讓人擁有開心的一天。

所以放下手機、不要再用鍵盤打字了。像你在小學三年級時學會寫草寫字那樣，重新拾回這份感動吧。想看看你生命中的某個人，或者一些人，希望獲得你手寫的卡片的人。並動手，花一點有意義的時間，寫下並送出你的小禮物。

做好準備，這對你跟你寫信的對象來說，都會是非常特別的。

採取行動

寫下你人生中重要的五個人，不管是還健在或者已經離世，如果這個人能夠收到你寫的手寫、情感豐沛的卡片，會對你來說非常具有意義。名單準備好了嗎？很棒，寫下，並寫寄出這些卡片，我相信這對他們來說，也是非常意義。

日記提示

寫一封信給自己，包含以下的議題，或者其他你想到的東西：

- 你在這個時候，是什麼樣的人？你怎麼打發時間？
- 你明年的計畫是什麼？你的夢想呢？
- 什麼會讓你感到開心？你覺得什麼能為你帶來挑戰？
- 你想要如何成長？

一旦你寫完這封信，寫下「你很重要」，你的名字跟日期，放在信封裡面，寄給自己。這裡是最重要的挑戰：一年之後的今天，再把它打開。

談話範例

你上一次收到手寫的卡片或者紙條是什麼時候？誰寫給你的，你的感覺如何？

Part 3

我們很重要

我們都是大的群體之一
我們因為彼此存在
我們一起就更堅強
我們要學的還有很多
我們能夠給予的很多

我們很重要

11 勇敢

勇敢現身

要對一個人下最終的評斷，不在於他安逸舒適時如何自處，而是在他面臨挑戰與爭議時如何面對。

馬丁・路德・金恩

（銘刻於華盛頓特區，馬丁・路德・金恩紀念碑北方石牆）

要跟一個從未經歷恐慌症發作的人，解釋恐慌症那種強烈的力量，還蠻難的。手心出汗、胸口緊緊的、呼吸困難也只是最容易解釋、也最容易忍受的部分，因為這僅僅是一些大部分的人都能夠感同身受的生理症狀。大腦裡面的煎熬，則是最折磨人、最難以言說的部分。

我最近認識一個二十歲的海軍陸戰隊隊員，剛從中東結束任務回來；他的裝甲車撞到土製炸彈，所以他失去了一條腿的下半部和兩隻手臂。我們坐著聊了一段時間，他懂我的意思。他說：「戰爭很殘酷，我們大多數負傷回家。我很幸慶我的傷口是外在的。」

焦慮症讓我的世界縮小了；每一天，我的安全之地縮小、再縮小。當我世界裡的牆節節往內縮，房間就是我唯一覺得安全的地方。這對於想過正常生活的人來說，並不是件好事。但隨著時間過去，我復原了，牆壁又再度往外擴張。我可以離開我的房間、我的家，我又能開車、露齒笑、忍受塞車。我可以搭電梯、搭地鐵，最終戰勝最後一關，搭飛機。我知道有一天，當我能夠自在地上飛機，那就是我康復的一天。

我從短程、一小時的飛行開始，再來兩小時、再來是橫跨美國。我不能說是喜歡搭飛機，但我能夠稍微放輕鬆，握緊拳頭、完成飛行。幾分勇氣，跟半顆贊安諾，就是絕佳組合。但當我以為我正度過難關，一切即將恢復正常，我在從洛杉磯飛阿拉巴馬州的蒙哥馬利準備登機時，恐慌症又發作了，我的世界又開始縮小。我猜我還沒準備好，而且我也因此大大受傷。我仍受著傷、需要更多努力。

從我拒絕搭飛機開始，已經過了四年，這對像我這樣靠著主題演講、營運的機構服務全美各地群眾的人來說，真是悲劇。我眼睜睜地失去一些機會。因為我的恐懼，讓我可能對人造成的影響受限。更糟的是，我覺得自己非常失敗，也曾經懷疑自己是否能夠再回到正常生活。我需要改變跑道嗎？我能夠信守承諾，帶派蒂去她的第一次歐洲行嗎？這些一個個的問題，答案都不是我想要的。

在內心深處，我知道唯一的解決之道，就是面對並戰勝我的恐懼，因此，有了太太、家人、幾個親近的、知道我祕密的朋友的支持，我決定這麼做。我試了催眠、前世回歸、禪修、水晶療法、心靈力量、祈禱、輕敲療法。你想得到的我都試了。然後見真章的時刻到了。我需要去達拉斯，替一個有影響力的全國性婦女團體做主題演講。我全力以赴，合約簽了，大會手冊也印上我的名字跟和簡歷，支票也收了，沒辦法回頭了。

那天早上，到機場的路上沒什麼塞車，我覺得準備好了，做了許多努力。然而，我越靠近我飛機上的座位，就能感覺到壓力逐漸升高，從停車場到安檢、到排星巴克、到第一次登機廣播，我的呼吸越來越快，視線模糊，我的思緒無法集中，我開始要發作了。

當他們最後一次登機廣播，我已經百分之一千確定我沒辦法上飛機。我真是一團糟，我在哭、在航廈裡來回走、乾嘔。派蒂，她心腸真好，什麼都試了，說盡各種好話，她打給我父母，讓我跟他們講話。她安慰我，試著讓我相信，一切都會好起來，她甚至嘗試跟航空公司的人員爭取多一點時間。但，當你的恐慌症全力發作時，腦海裡彷彿在打仗，所以幾乎沒辦法向別人解釋恐慌症，也很難讓別人知道如何幫忙，但派蒂就是我的靠山。接下來發生兩件事，一切都改變了。

我開始傳訊息給我的朋友蘇菲，跟她分享我的困境，她是少數知道那天對我來說很重要的朋友之一。蘇菲回傳：「馬修，這跟你或者跟飛行都無關。這是你即將為人服務。在達拉斯，有許多人在等著，希望聽到你的話語。去服務他們，這是你的天職。」她並寫了：「一步一步慢慢來。你現在可以先做什麼，好讓你上飛機？你第一步能做什麼？」

派蒂想出一個絕佳的答案：「我問看看航空公司，是否能讓你先走上飛機，在你的位子上坐一下，看看感覺如何。如果你不喜歡，我們就離開。第一步就先這樣，好嗎？」

我喜歡這個主意。原本我像是一團糟的毛線球，現在開始理出頭緒。我拿起我的東西，走向登機口。我們走進空橋、登機、坐上我的位子，一起評估了一下。

我環顧四周，看到派蒂撫慰、關愛的凝視，想到蘇菲的話，想到那些等待聽到話語的生命。我看著派蒂說：「我可以，就飛吧。」在那個時刻，我的焦慮消失了，如果焦慮重重的打擊我，消失的速度亦十分快。三小時之後，我們降落在德州達拉斯。五年之後的今天，我仍持續搭飛機。

我知道大多數的人認為應該要避免討論政治或宗教，這本書也不是一本宗教或者政治書籍。不過，在二〇一六年總統大選那天，我跟我的家人在華盛頓特區。

大選之後的那天，我記得我在一間咖啡館裡，排在我前面的先生問咖啡師他們是否有賣比咖啡更提神的東西。我記得我站在白宮外面，我媽跟派蒂抱著一位孕婦，她邊哭邊說：「我要怎麼跟我的女兒解釋？」並摸摸自己的肚子。我記得在國立非裔美國人歷史和文化博物館內，看到一位年長的非裔美國女性，安慰派蒂說：「別擔心，孩子，我們還經歷過更糟的，我們會一起走到。」我記得在這個灰色的、令人沮喪的一天，我站在馬丁·路德·金恩的紀念雕像前，雨水積在他的右眼下方，從他的臉頰滑落，彷彿他正哭泣。

我在人生當中花了將近十年，激勵大眾、接受自己有多重要、為什麼重要。我幫助那些不覺得自己重要的人知道他們很重要。我試著幫助那些因錯誤原因以為自己很重要的人，像是貪婪、自大、財富、權力，去了解他們為什麼真的重要。

一天下來，我們身心俱疲，結束了那場演講。而且，我隔天一早就得走，因為我需要對一群大型社區銀行成員，做激勵的主題演講，地點離華府車程幾小時。我們跟爸媽道別，在天亮之前離開暫住的褐砂小屋。我們都很累，因為前一天的事情心力交瘁，我在演講開始前兩小時到市區，所以我們入住飯店。我快速梳洗一下，前往那個公司為了年度大會所租的社區中心。我走到那棟建築物前，注意到一群大概二十五位，應該是中學生，肩並肩，圍著一個旗桿繞成半圓。我停下來，想知道他們在做什麼。原本想停幾秒鐘，變幾分鐘，後來我真的想知道，所以我走向站在一旁的女人並問她。那是他們的老師，她說學生對待彼此的方式，因為那場總統大選而有所改變。他們變得更好鬥、種族分裂更嚴重，她覺得不能再這樣。所以她要學生圍成半圓，盯著美國國旗，不能說話，好好思考當美國人是什麼意思。

那位老師對我來說就像禮物一樣，他的學生也是，因為我當時身心狀況並不好，沒辦法進行激勵演講。我一點都不覺得受到激勵，但這個老師給我希望，她讓我知道，世界上還是有好人，信守高道德標準、會盡全力保護人類，以及那些美好的事物。她啟發我，讓我進去那棟大樓，去做一樣的事。我要記得那不是為了我，而是為了服務，因為裡面的人需要聽到我的訊息。同樣的意念，讓我抵達達拉斯。

因為受到那位老師的激勵，我講了一場可能是我人生裡最充滿希望的主題演講，彷彿吐出的每一個字，都加入了一點額外的情緒，因為我知道自己應該這樣做。二〇一六年的總統大選不只影響中學生的行為，還影響所有人。競選活動很殘酷，傳遞的消息分化著大眾，我們也見證了美國變得更兩極化，每天似乎每況愈下。

我往外走，想走到我的車並回飯店時，一位年輕女性員工跟我出來，問是否能夠跟我講幾句話。「沒問題。」我說：「我是馬修，很高興認識妳。」我也記得她的臉，因為在整場演講，我注意到她的情緒非常激動，她非常仔細的聽我講每一句話。她害羞、尷尬的看著自己的腳，回說：「嗨，我是喬丹。我希望你知道，我相信上帝今天特地為了我派你過來。我原本打算明天自殺，而你剛救了我一命。」

從沒有人直接跟我面對面講這些話過，我情緒湧了上來，眼眶立刻溼透。喬丹說：「我的後車廂都準備好了。把廢氣全部排回駕駛座，就能一覺不醒。我做了很多研究，這好像是最好的方法，但你可以把我的東西拿走，因為我不需要了。」

天哪，我要怎麼回應？我的直覺是給喬丹一個大大的擁抱，謝謝她有勇氣跟我分享這件事，而我對她來說是個陌生人。我詢問她，是否同意讓銀行的一位主管加入我們，稍微聊一下天。她毫不猶豫的同意了，也喜歡這個主意。

從那天開始，那位主管、我、我太太，跟一些喬丹的同事，給了她滿滿的愛。她現在很耀眼。她在公司內也獲得幾次升遷，同時完成碩士學位。最重要的是，她比以前更快樂。麗茲知道她有多重要，也幫他人了解他們也非常重要。我認為麗茲是對的：上帝那天的確派我到那邊。上帝那天也讓她出現在那邊，我也很榮幸成為麗茲的終身好友。

在達拉斯，我在某個意見領袖的會議上，是最後一名講者，大約有四百名女性在場。我深知自己是花了多大的力氣才登上那架飛機，而且我後來又將思緒轉換為服務人群。但只有一個小小的問題，在我上台、結束這場會議前，主持人告訴大家，現在正有一場暴風雪，機場有多架航班可能會取消。

他們拉開會議廳的落地窗簾，達拉斯市中心看起來一片白茫茫，然後冒出一片交談聲。幾分鐘之內，原本房間裡的四百名女性，剩下大概七十人。大家都出去了，我的觀眾紛紛往外面跑，我覺得很失望。真不是一個好的開始。一旦混亂場面稍微平息了，主持人介紹我，我隨即上台，看到房間只剩下幾張空桌子。

我說了幾個笑話，讓自己不那麼緊張，同時也想要與房間裡的人重新連結，我單刀直入的傳達我的訊息，我很確定，房間裡有人需要聽到我的話語。畢竟，那信念支持我，讓我登機，我不想讓那個信念失望。

演講結束時，會議主辦人上台做結、希望大家在風雪之中能平安回家。在我整理東西時，有名女性過來，問說是否能跟我聊幾分鐘。在這樣的時候，我一定說有空，因為我知道這個人一定有重要的事要跟我分享，我也知道要過來跟我分享，需要一些勇氣。

「嗨，馬修，我是瑪莉。我真的非常謝謝你今天分享的訊息，因為你讓我知道我有多重要，我也大開眼界，了解到這不是只為了我自己。」

我謝謝瑪莉，並告訴她，我希望這些新的體會，能夠對她的生命產生正面、長久的影響。瑪莉看著我說：「馬修，這已經對我產生很大的影響了。」我知道瑪莉看出我困惑的表情，她接著說：「我結婚超過三十年了，我有三個小孩，看起來一直都是完美家庭。但在去年，我想離婚，而明天我們就要簽離婚協議書。我的決定讓整個家庭分裂，我先生跟小孩不想要我們離婚，但我一直希望這麼做。」這時，我還是不知道要說什麼，因為我知道她還沒說完。

「馬修，你剛剛救了我們一家。待會我一到機場，就要打電話給我先生跟小孩，跟他們說我不想離婚了。你讓我了解到，我所有事情都想到自己，我成了受害者，我在生活、婚姻上的所有不如意，都怪我先生。現在我看清楚了，我自找苦吃，我自私的做法，毀了一切。我真的不知道要怎麼感謝你今天到這邊，改變了我跟我家人的生命。」

我們擁抱，瑪莉則去拯救他們一家。而且她真的做到了。

服務他人，不是項簡單、方便的事，我們常常需要把自己放在第二順位，重新安排計畫、需要注意、並更加有警覺心、克服我們最深的恐懼。我為了能重新搭飛機，嚇得屁滾尿流。老實說，再來一次，我也不知道我是否能做到，但我成功了。但如果那趟飛往達拉斯的行程，我沒上去呢？我們現在知道一樁結縭三十載的婚姻可能離異、家庭失散。也知道幾年之後，若我沒辦法飛到維吉尼亞州，喬丹很有可能也不在人世。若那個在維吉尼亞州的早晨，我沒有轉換心情，我如果讓怒氣、困惑、失望阻擋我，讓我無法傳達有力量的訊息會怎樣呢？

我們如果真的想改變世界、讓大家都知道他們很重要，以及重要的原因，我們就需要現身。這不是一件簡單的事，但如果我們置之不理、不挺身而出，將會有許多風險。我們不能讓事情阻擋我們，讓我們無法為人服務。所以準備好服務別人，在你的每一天，以各種方式。記住，你很重要，但這不全是了為自己。

採取行動

跟一群朋友、家人，同事、同學、或者你想要一起腦力激盪的朋友，想想你們這一群人，要怎麼樣能夠更有效的在你的社區發揮影響力。你或許可以成立一個「我們很重要」社團，每個禮拜、或每個月服務他人。可以讓每位成員每一週都選不同的事來做，讓所有人都參與其中，但這也表示，某一些人在一年當中，能會遇到一些挫折，但完全是出於團隊、良善的精神。都好。

記住，一旦你戰勝恐懼、開始行動，邀請別人與你一起，或者加入已存在的社團。這就是「我們共同」的喜悅，包括跟我們一起行動的人，以及受到我們影響的人。

日記提示

你因為害怕什麼，而不去服務呢？或許是某一種志願服務的目的，讓你心碎，所以你選擇不去做。或者是跟一些真正需要幫助的人聊天，但因為你擔心他們的反應，所以難以啟齒。可能是飛越整個世界，到陌生的國度，在開發中國家協助建造水井或者教室。現在是你突破心防、去行動的時候了。

談話範例

你上次克服恐懼是什麼時候？那件事情如何影響你跟周遭的人呢？

12 無私——讓出你的座位

如果你以為自己太渺小，無法帶來任何改變；試著與蚊子共眠吧！

應為十四世達賴喇嘛所說

我仍清楚記得我手機有一通「未知的號碼」打來時的情景。當時我坐在書桌前，星期五下午五點，我正要結束一星期。我有點緊張，手心微微出汗，因為我知道那個「未知的號碼」是誰。當然我不是說我知道打來的那個人，但我知道是哪個單位打來的。

「你好，我是馬修。」我接起來，聽起來有點嚴肅，而且我先說，聽起來有點好笑，因為我通常不是那種講電話時聲音聽起來很專業的人。「請問你是馬修．查理斯．艾莫茲安嗎？」

「是，沒錯。」我回答。

「馬修你好，我是美國特勤局的比爾，我有幾個問題想請教你，方便回答嗎？」

「當然方便。」我堅定地回覆。

問題便源源不絕：「你在哪裡出生？你在加州莫德斯托的地址是什麼？你的雙親叫什麼名字？你的社會安全碼幾號？」問題一個又一個。在審訊結束時，我都要覺得自己有罪了。好累。

電話結束前，他說：「謝謝你的資訊，我只有最後一個問題，你明天早上五點有空嗎？」我回答有空，比爾告訴我他在一小時之內會回覆我。

一小時之後，我的電話又響了，當然是新朋友比爾打來的。「好的，馬修，你的身分已經確認。你現在是等級 S9 的特勤人員，指示如下：我們明天早上五點需要你，穿西裝打領帶，我早上四點會打給你，告訴你更多指示。我們感謝你的服務。」我掛掉電話，感覺接下第一個不可能的任務。湯姆．克魯斯的影像浮現在我腦海，我現在已經做出承諾，不能回頭了。怎麼會這樣？搞什麼鬼？

在接到比爾電話的兩年前，我正飛往阿肯色州，小石城，前往克林頓公共服務學院演講。我原本訂的班機，從洛杉磯國際機場到德州達拉斯需要轉機，我得在小石城換小飛機。從達拉斯到小石城飛的是十二人座的小飛機，我不是很喜歡，我的體型可以去打美式橄欖球聯盟，我太重，沒辦法滑高空飛索，而且必須參加美國鐵人三項比賽的克萊茲代爾類別，沒開玩笑，他們真的有這一類。

我上飛機之後，一路彎著腰過去，因為一站起來就會撞到頭。我看到我的位子，真是我看過自從離開幼兒園後，看過最小的位子了。是一個靠窗的位子，也就是說由於班機的弧度，座位上方的空間有一半不見了。我努力擠進座位，但發現一個尷尬的事實，就是我根本塞不下。沒錯，我擠不進我飛機上的座位，而且我得告訴空服員。

我想她應該會跟我說，我只能下飛機、訂別架比較大的飛機，但在那名空服員回答之前，另一個乘客跟我說：「我很樂意跟你換。我的位子空間比較大。」真是沒料到會有人這樣跟我說，這可能是史上頭一遭，在飛機上有人願意跟別人用「比較好」的位子跟別人換。我有點困惑，轉向她，問：「妳確定嗎？這樣不好意思。」她說：「我很樂意。」

那趟飛行時間不長，我也不坐她旁邊，但我想再次感謝她，並至少跟她小聊一下，感謝她的善意。

我們到了小石城，下飛機時，我等她了一下。她靠近的時候，我立刻上前告訴她我有多感激她的善心，並詢問她的名字。

她回答：「我叫費里斯．狄克生。」

「費里斯・狄克生」，我心想，好名字。費里斯・狄克生是位美麗、時髦的非裔女商人。聊一下天之後，費里斯・狄克生問我住哪，並說可以順路載我過去。我們整趟都在聊天，原來她替小石城的市長還有柯林頓家族做事，她也是建造柯林頓總統圖書館跟克林頓公共服務學院的團隊成員，所以她知道一些我要去的地方的事。她甚至參加了我隔天的活動，我們也一直保持聯繫。這份七年的友誼始自她在那班飛機讓位給我。

但這不就是人生嗎？人生能更簡單一點嗎？或者更困難？不會，但我們一般不會先放棄自己的座位。現在在飛機上，要好的位子需要付費，我們用身體的每一寸，珍惜、貪婪的占著那個位子，好像我們擁有那張該死的位子。登機的時候，我們在別人登機時眼睛直視前方，我們裝睡，直到最後一位乘客上飛機、艙門緊閉，才鬆了一口氣。為什麼？因為我們希望沒有人坐在我們付了錢的珍貴座位旁。我好像做壞事被抓到，但現在我認識了費里斯。對她來說，讓陌生人坐得舒服比較重要。她很開心，我很開心，我們都很開心。

早上四點半，跟特勤局的比爾五點打給我同一天，我的電話響了，是費里斯・狄克生。我先說一下，她的全名對我來說好像只有一個字，因為她第一次就是這麼講的。費里斯・狄克生來自美國西南部，拉長音的方式很特別。她這個人個性完完整整，所以若只稱她費里斯，好像少了點什麼。

我們的對話如往常一般展開：「嗨，費里斯・狄克生，最近忙嗎？」她大笑著說：「還可以，就還可以。」費里斯・狄克生問我：「你明天早上有要做什麼嗎？」我回覆：「怎麼？妳會在洛杉磯嗎？」我想到能夠報答她的善意，就很開心。「沒有，我不會去洛杉磯，但有一位重要人士會過去，我們需要你的幫忙。」我的注意力被挑起來，問：「哪位重要人士呢？」費里斯・狄克生平靜地回說：「美國第一夫人。」

「馬修，我們的第一夫人，蜜雪兒・歐巴馬要來洛杉磯，但她的列車缺一位司機，你有空嗎？」她解釋：「有空的話，會有一位男士叫比爾，他會打給你，調查一下你的身家背景，如果你答應的話，最好身家乾淨，因為我是你的推薦人。」

我回答：「不好了，那我想一下他們會找到什麼，給我幾秒鐘。」費里斯．狄克生以她美妙的南方口音說：「最好是。」我覺得我的紀錄良好，就跟她說我加入。她回答：「很棒，等一下比爾會打給你。祝玩得愉快。」

星期六的早上很快就到了。我設了一個凌晨三點十五分跟凌晨三點半的鬧鐘。這個「任務」我可不想遲到。我先說明，我自己對穿西裝有一個規則，就是只在葬禮跟婚禮上穿，所以這天絕對是例外。我拍了拍我最好的西裝，複習一下領帶的長度應該到哪，等著比爾的電話。

早上四點整，電話響了，我立刻接起來。「早安，請在早上五點的時候抵達比佛利山莊飯店，我們待會見。」我等了一下，便跳上車，開往比佛利山莊飯店。每一個洛杉磯人都知道那間飯店，還不只是知道，因為那間就是電影《麻雀變鳳凰》裡的飯店。

我到飯店泊車處時，天還是暗的。那種黑暗好像為這次的任務添加了一些神祕感。我一踏出車子，比爾就在那裡，跟我打招呼。比爾是典型的特務，穿著一身黑西裝、白領襯衫、領結、皮帶上有徽章、耳朵裡塞著耳機，脖子後面有著一圈電線。

「嗨，馬修，謝謝你準時過來，也謝謝你的服務。請跟我走。」

比爾給我等級S9特勤人員翻領夾，快速地送我到會議廳後台。我們爬樓梯、往下走、進入一間有兩個門的小房間。他要我等他回來，做進一步指示。

這就是那種你突然覺得不對勁的時刻，可能只有五分鐘，但感覺像過了三十分鐘。我開始覺得我是不是在明星大整蠱這種節目，等著艾希頓・庫奇打開其中一道門。我甚至記得我搖搖頭，笑自己居然中計，開始在思考要怎麼回去。

我想到一半，後方的門打開了，比爾走進來，把門帶上。他嚴肅地說：「第一夫人想親自感謝你的服務，但我們有一條規定：不要問她問題，否則她會跟你講得沒完沒了，我們時間有限。」我同意、點頭，但偷偷想著：「好的，比爾，我不會問艾希頓・庫奇任何問題。他如果週六一早五點半之後的行程還遲到，那就不好了。」

事情就這樣發生了。那扇門又打開，站著美國第一夫人蜜雪兒・歐巴馬，四名特務陪伴在旁。她快速走進房間，看著我的眼睛說：「我想要謝謝你的幫忙，我們衷心感激。你介意一起拍照嗎？」

我不是那種會被名人迷住，或者跟他們在一起會不自在的人，有部分的原因是因為我曾跟非常多名人一起共事，另一部分是因為，我想以人們內心的樣貌認識一個人。但這個場合完全不同。

首先，蜜雪兒・歐巴馬美得驚人。高䠷、眼神投入、笑容具感染力。我看到她的那瞬間，就知道比爾所說「講得沒完沒了」是什麼意思，因為她很快就投入互動中，立刻進到這個當下，真誠的產生興趣。我完全被迷住了。

我至今還不記得到底回答她什麼，可能根本也不是字句，比較像是含糊咕噥。就好像腦中的線路都短路的那種時刻，我最好也不過就像是《星際大戰》的 C-3P0 機器人。

那個過程頂多兩分鐘，我們講了一下話、拍照、笑了一下，她們就把她帶走了。像一縷煙，消逝不見。

接下來，比爾立刻切換成任務模式。「馬修，計畫是這樣的，我們要將所有行李拿下來，你的工作就是把行李裝到箱型車上，跟另一位特務一起把行李送到洛杉磯國際機場，所以請到外面，站在車子旁邊。」

我站在我的記號上面，工作人員拉出行李車，把一些黑色的行李箱、禮服袋卸下，我拿到的第一袋就是一個吊掛的袋子，當我把它運送到廂型車上時，我看到了。官方的美國總統行李吊牌，上面寫著美國第一夫人。「天哪，我現在真的拿的是第一夫人的行李。超棒的，太瘋狂了，我最好別搞砸。」我們快速地將她整個團隊的袋子裝進廂型車，前往機場。

我並不知道洛杉磯國際機場有個特殊的後門，保留給像美國總統跟美國第一夫人等級的人。你可以想像，這些入口都有保安措施，通過這些檢查點後，我們開往停機坪，另一組特勤人員歡迎我們，全部站在美國第一夫人的飛機前面。飛機從頭到尾、由上到下都是雪白色的，上面有一面小小的美國國旗，低調但不失威嚴。

我們的第一個指令是將所有廂型車上的行李移下來，放在停機坪上排成格狀，每個袋子相距約三呎寬。排完這個大概五十呎乘五十呎的格子後，我們被要求站旁邊。下一項任務是把狗請出來。我們站著，看著一位特務繞著每一個袋子，讓緝毒犬聞遍袋子的每一處。

緝毒犬完成檢查後，有人開著一個移動式的行李安檢機器到停機坪，連結到機腹。我們將行李一個個送進機器中，行李一從機器另一側出來，就送往飛機的行李艙，直到最後一個行李被送進去。

我們完成了，任務完成。我超累，也試著消化整趟任務裡面發生的事情。跟我同車一起來的特務告知我下一個指示：「馬修，我得待在飛機這裡，要請你把廂型車開回去，可以嗎？」我快速回答：「沒問題。」然後跳進車上，離開停機坪、離開洛杉磯國際機場。我才往回開兩分鐘，手機就響了。又是比爾。他急急地問我：「你開廂型車回飯店要多久才到？我們需要你馬上回來。要快點，但小心安全，謝謝。」當我正想著可以稍微放鬆時，我又開啟「戰鬥模式」，在高速公路上飛車前往飯店。

我那天早上再度開進泊車處，又見到比爾。「謝謝你這麼快地趕到，我們又需要你的幫忙，如果你可以的話。」我要說什麼？說不嗎？「當然沒問題，比爾，你需要什麼？」不可能的任務二，開始囉。

「請你把這些廂型車的其中一台開回洛杉磯國際機場。」比爾下令。我問他：「你的意思是，我會待在車裡，還是要開車？」

「開車。跟我來，我帶你看你要開的車。」

我跟比爾走到飯店旁邊，後方的巷子。那裡有三台廂型車，兩台薩博班車，跟大約十二台摩托車騎士。

「馬修，你要開的是這台，鑰匙在這。請現在上駕駛座、繫安全帶、檢查你的後照鏡，並發動車子。」比爾解釋：「我們一分鐘後出發。」

如果我生命中有某個瞬間類似印地五百大賽，就是這一刻了。後照鏡已檢查、安全帶綁好、引擎發動、雙手放在方向盤十點鐘跟兩點鐘方向，關節發白、雙手出汗、腎上腺分泌中。他媽的，我準備好了。

我還來不及思考，駕駛座的門就打開了，有另一名特務人員跟我打招呼。我問他是否還要給我其他指令，也告訴他這是我第一次出任務。他說：「跟前面的廂型車保持一台車的距離，直到飛機旁才能停車，就這樣。」我問：「那如果不好的事發生呢？我要做什麼？」他冷靜地回我：「不用擔心，你看到那兩台薩博班了嗎？他們會處理任何可能發生的問題，在你甚至來不及喘氣之前就會處理好。」

我低聲說：「了解。」

他看著我說：「準備好，出發吧。」一收到指示，後座的門便打開，瞬間，我的車裡就出現六個人。門關上。前方的廂型車開始動，又「該出發」了。

開車的頭五分鐘，我一句話都沒說，好像在玩賽車遊戲，得心應手；道路淨空、十字路口都被摩托警車擋住了，以每小時超過五十英里的速度在洛杉磯的街上奔馳，配槍的特務開著薩博班護送。

當我們開到四〇五號高速公路上，接近所有交通要道時，我感覺後頸癢癢的，好像有人在玩我的頭髮。我雙手不想離開方向盤，所以試著不管它。但我又感覺有人摸我，是坐我後面的先生摸的。有人開口了：「請問我們駕駛叫什麼名字？他的頭髮好漂亮。」

我看了一下身旁的特務，確認他是否同意我回答。

「我叫馬修，很高興認識你。我從來沒出過任務，所以現在有點緊張。」我承認。

乘客回答：「很高興認識你，馬修。你做得很好，我很喜歡你的頭髮，我也想要剪這種髮型，這個捲度好漂亮。」

我試著想要友善一點，但還是有點緊張，我問：「你是髮型師嗎？」他回答：「是的，我們是蜜雪兒的美容團隊，打理美髮、化妝、時尚。」

「所以，馬修先生，你是做什麼的？」他問。

「我寫了一本書，叫《每個星期一都很重要》，我常演講、寫作，管理我的組織。」我跟他分享。

「那本書內容是什麼呢？」他接著問。

我很快地解釋給他聽，但其實我想快點結束這個話題。這時候我們以每小時八十英里的速度開在高速公路上，我還要跟前面的車保持一台車的距離。我得想點辦法讓他不再跟我聊天，讓我專心，什麼都好。

「馬修先生，我們都想要一本你的書，」他說：「你可以幫我們簽名嗎？」

我立刻拿起手機，傳到我右肩後方，視線繼續看向前面的路。「當然好，你把資料輸到我手機，我寄一些簽名書給你們。」我說。我真的以為我會得到一點喘息的空間，但很快就知道我錯了。

「嗯，馬修先生，你手機密碼是多少？」他問。

「不好意思，是……」我話還沒講完，就猜到可能即將發生的事，可能不會太好，但我也沒辦法回頭了。我說：「六、九、六、九。我是在一九六九年出生的。」我等了大概了一毫秒。「我現在更喜歡我們的駕駛了，我知道了。每個星期一都很重要先生，你很風趣。六九先生，六九先生。」他大聲地分享，整車的人都很歡樂。

在那個時候，我看了一下我的副駕駛，特務先生；他第一次露出笑容，搖搖頭。我忍不住開始笑，下一秒，整台車的人都笑開懷。不知為何，這種緊繃、緊張的情況，就變成了跟朋友一起的短暫公路旅行。這一組人很棒，我在那天第一次感到開心。

我們在第一次任務同一個停機坪停下，整團的人下車。他大喊：「我們愛你，馬修先生，謝謝你！」然後就走了。我坐在自己的廂型車裡，看著三輛廂型車的乘客下車。然後，她就出現了，美國第一夫人。跟每個人微笑、揮手、感謝。

他們快速的登機，艙門緊閉，飛機開始移動，在七分鐘之內（根據他們的協議）輪子收起，離開機場。

我離開我的廂型車，尋找比爾。每個人都放鬆、聊開了。就好像他們剛脫下戲服、放下頭髮。他們的工作完成了。我帶著鬆一口氣的微笑走向他，他轉過身，看著我說：「做得好，馬修。說真的，真的很不錯。如果你不介意的話，我們想把你加進名單，排進未來的任務。你應該看看美國總統到訪的情況。」

我應該要講什麼啊？

我跟派蒂都很喜歡珊達・萊姆斯寫的《這一年，我只說ＹＥＳ》，我跟我太太常常提起這本書。同時，我不是說珊達・萊姆斯會不同意我的話，我也相信界限。作為曾患焦慮症的人，我知道如果生命中少了健康的界線，會產生負面影響。焦慮症常被稱為「好人症」，真是太好了。

但這一切讓我相信，人生的發展，是基於我們有多想挺身而出、參與意願。人生可以很美好，也可以很混亂，不管怎樣，我們都存在著。我以前沒有經歷過焦慮症或者慢性憂鬱症，但一旦經歷過了，我就必須努力復原。我以前從來沒寫過書，但一旦有這個想法，我就努力寫出來。我沒有經過公眾演說的訓練，也從來沒想過會在美國各地的講台前面講自己的家務事，但我做了，也改變了許多人的生命。我以前也從沒當過特務、或者第一夫人車隊的駕駛，但一接到電話，我就去服務。

我相信這就是費里斯．狄克生所做的。她見到一個陌生人在飛機上，因為座位感到困擾，她立刻跳進來幫忙、釋出善意。過了這些年，我才了解這就是費里斯．狄克生這個人的作風。她是具團隊精神、付出的人。她不畏懼挑戰、熱愛生命。她的態度很有感染力、她對社區、陌生人的承諾，做出改變。費里斯讓所有人、她身邊的所有人生命變得更好，因為她投入。我能與她以「朋友」相稱之前就已經受惠。如果她不挺身而出，對於我在機上的小狀況不理會，以

「不關我的事」的態度，眼睛看往別處，會是怎樣呢？

我們有太多人等著別人開口，而不是當先開口的那個人。我們站在旁邊，不管是眼睜睜看著別人的生命發生，或者眼睜睜看自己成為受害者。但如果在世界上的所有生命，都像費里斯．狄克生那樣做事，這個世界會變得怎樣呢？記得，她所做的，只是放棄自己的位子，但我的生命因此不斷受到祝福、就因為她做的這一件事。

因為她，我能夠搭到那趟飛機、有幸在克林頓公共服務學院演講。因為她，我成為S9特務，因為她，我見到第一夫人蜜雪兒．歐巴馬、並為她服務。也因為她，我現在有一個非常出色、非常激勵人心的摯友。

無私的舉動，能夠以我們無法預測的方式激起漣漪，是多令人讚嘆的一件事。

任務完成。

採取行動

最微小的舉動，能夠對他人、對這個世界帶來持久、重大的影響。承諾在你餘生的每一天，做一個無私的舉手之勞。沒錯，我說的是「餘生」，我希望那就是三百六十五乘上許多、許多年。多麼棒的生活方法，多麼棒的傳承。記得也請朋友、家人一起加入。現在數量越來越多了……這就是我們的做事風格。

日記提示

我有位朋友曾說，無私的舉動，其實本質上很自私，因為人們做了之後自我感覺良好。我不同意他的看法。雖然說無私的舉動，極有可能讓人內心感覺良好，這便是副產品。我不覺得這就是人們做出無私舉動的原因。不過，我換一個方式思考，說：「好，我們一起打造我們所看過最無私的世界，看看會變怎麼樣。」

你對他所說的話有什麼想法？

談話範例

你上一次直接、或間接的受到陌生人幫助，是什麼時候？

13 誠實——看到隱性事物

醒來即微笑，良辰在眼前。
過好每一刻，慈眼視眾生。

釋一行

我腦中一秒閃過千百萬個思緒，我從頭到腳都覺得這是對的事，應該去做，但這一刻我開始質疑自己。或許是因為我們剛走過的鐵絲網柵欄隧道、或許是因為放眼望去刺鐵絲網。

或許是因為我們偶然停留的拘留室，我們站在那，等一扇門關上，另一扇門才能打開，顯然是由某個透過監視器看著我們的人所控制。每前進一步，就更難出去。但這不就是監獄的意義嗎？

不同的是，我那天選擇去監獄。當然，有人會說，每個到監獄的人都是自己的選擇，不管是員工，或者是被監禁者。但我並沒有犯罪，我也沒有領裡面的薪水。派蒂還跟著我來，讓我更多了一分焦慮。但我會到那裡，因為我收到一名囚犯的來信，讓我熱淚盈眶，驅使我前往那個地方。

七個月前，我人在華盛頓，奧林匹亞，在一場由國務卿主持的場子演講。我很榮幸被選上、在富麗堂皇的國會大廈裡享有私人導覽，與國務卿和她的部屬一同坐在她的辦公室。我覺得我好像當下重要的人物。某種情況來說，的確是。

那場活動的用意，是為了推動華盛頓州聯合基金會。這是一場年度的推動會，讓州立員工有機會捐贈資源給全美各地的非營利機構。我說的是好幾百萬美元，將用來發揮極大的影響力。沒錯，意思是說我到那邊的目的，是為了驅使大家再度慷慨解囊，不只是跟去年一樣多，還要更多。還真是輕鬆。

在這樣的大場合，通常會有攝影師近距離拍攝講者，好投影到舞台左右兩側的大螢幕上。我們在演唱會、運動賽事、或是盛大的早餐會上都看過這種螢幕。這樣一來，為了把我的影像投射到螢幕上，我其實不知道，我的演講會被錄下來，而且我也不知道，我的演講會拿去華盛頓的公共事務網路播放，也恰巧會在所有華盛頓的監獄裡面播放。

活動結束後幾個月，我收到一封信，寄件地址寫著斯塔福德克里克教養中心。我的地址跟寄件人的地址都是手寫，字體看起來並不工整。寄件地址上有署名「克里斯」，旁邊連著一串數字。我想知道這是誰、為什麼我收到這封信、信封裡面是什麼。

我收到的，是我所讀過最溫馨、最慷慨、最真誠的信之一。這封信是以藍色原子筆所寫，長達六頁的劃線活頁紙，正反兩面滿滿的。我是因為克里斯的信，才知道我的演講被錄下來，並在華盛頓的公共事務網路播出，也是因為克里斯寫的字、情感跟細節，讓我開始了認識獄中人這趟大開眼界、難以承受的旅程，也持續到今天。

克里斯告訴我，如果他早點知道、或者感覺他是重要的，他可能在人生當中會做不一樣的決定。換句話說，他可能就不會入獄。他請我到斯塔福德克里克教養中心跟一群囚犯分享。為什麼？不是為了他的緣故，他被判無期徒刑。他想要那些不是無期徒刑的獄友聽到我的分享，希望他們出獄之後，這些話語能夠讓他們不要再度進監獄。如果這還不夠無私、特別，他還願意分期付款給我，儘管他每週只賺五十美元，全天工作。

這就是為什麼幾個月之後，我跟派蒂，還有國務卿辦公室的菲利浦，一起走進斯塔福德克里克教養中心。不是因為克里斯付我錢，而是我願意。我必須去一趟。

我們現在生活的這個時代非常有趣，我甚至覺得是非常衝突、破壞性的時代。「我們」的意思不再是普世的、包含所有人的「我們」。我們有了分歧。我們認為差異是不好的，我們下評論、霸凌，我們不是共和黨就是民主黨、黑人或白人、同性戀或異性戀、胖或瘦。所有事情都有個標籤、都能分門別類。這些標籤驅使我們的信仰、我們的行為、我們的話語，跟我們的個性。

我們不再認為我們最重要的標籤是「人類」。不。因為如果我們這麼認為，應該有更多的愛、仁慈、同情心、同理心、信念、無私、鼓勵、友誼、和樂家庭、好鄰居和楷模。當然，如果我們一開始相信，成為人類應該是這樣，才會發生這樣的事。我相信應該如此，只是我們記憶力有點模糊。取而代之，政治分歧破壞了友誼與家庭，像「藍色」或者「紅色」代表的不只是愛與連結。宗教評斷他人，完全喪失理解、同情心、關愛、只看到不走「正路」的「罪人」，至少他們是這麼認為。人們經過流浪漢時繞了個半圓，彷彿在說：「你怎能讓我走在你旁邊？」就當我們認為已經成為更有自我意識、更有社會意識的群體

時，我們過去幾年所見的種族歧視、性別歧視不斷，在這些紛爭、自我意識驅動、對與錯的想法當中，我們成了片片碎片。

但某些事情發生了。某些事情喚醒我們最深層的本質，某些事情，讓我們想起我們可以茁壯、變得更好……我們一起。破碎的「我們」遇上了可能是颶風、洪水、火災、人道危機，我們像浴火鳳凰、攜手並進。分化我們的標籤都消失，我們不再是白人、棕色人種或者黑人，我們不再是同性戀、異性戀、跨性戀。基督徒、猶太人、穆斯林。在這些時刻，我們又成為人類，愛心、仁慈、同情心、同理心、關愛等等。在這些悲劇中，有人說，我們一齊實現不可能，我們將看到人類的精神展現出比以往更亮的光輝。

但又有事情發生了，水散去、最後的火苗熄滅、新的一輪循環繼續……我們的原始天性也是如此。我們一旦停止成為最好的自己，我們就退成最差的自己……直到下一次的災難發生。

這些循環為人類帶來希望，但也顯現我們破碎的一面、無法看到不敢面對的真相。我們之所以看不到這些每一天都在發生的、隱性的悲劇，因為他們不是頭條新聞。在美國，每天有二十位退伍軍人自殺，但我們看不到。如果一年的每一星期，頭條寫著「又一架載滿退伍軍人的客機失事」，我們就會注意了。

對於越來越多的老年人、感到孤立與憂鬱、在養老院獨自老死、我們該怎麼做呢？對於每個夜晚在美國裡，睡著、餓著、超過五十萬無家可歸的男女老少，我們該怎麼做呢？還有被遺棄、需要一個家的動物、需要學校用品的兒童、需要整治的河川跟海灘、家暴的受害者、不識字的人、無法為最親的人舉辦告別式的家庭。

醜陋的真相，就是我們並不喜歡看到這些每天發生在我們周遭的悲劇。更糟的是，我們許多人什麼事也不做。我們反而置之不理，我走的我的陽關道，好像「那不關我的事」。當談到「我們」，就沒有什麼「不關我的事」。因為「我們」並不是包含「我」、「他」或者「我們」跟「他們」，我們就是「我們」。

但以這樣的方式生活、看待生命，需要我們的付出。我們必須刻意去做，我們必須學習，一旦學了，就沒有回頭。我們必須經歷心碎，我們必須改變那種服務他人「只想要自我感覺良好」的心態，就算過程會受傷。我們必須看見周遭隱性的事物。歡迎來到斯塔福德克里克教養中心的大門。

我們終於抵達監獄食堂的門，依序走進那間房間。房間格局方正，約一百呎乘一百呎，圓桌聚集在中間。獄警和販賣機排在了無生氣的牆壁前，中間是桌子。牆和最前面的囚犯隔著十呎的護城河。兩百張椅子坐滿了穿著囚服的男仕，坐著，等待我的到來。我需要的，就是鼓起勇氣，走到房間前面，到那個孤單、等我踏上的講台。

這些人並不知道我是誰，也不知道我為什麼在那邊。連克里斯也不知道。我走上講台，看著整個房間充滿期待的臉，開始唸克里斯的信。沒辦法回頭了。神奇的是，接下來的兩小時充滿笑聲、淚水、目的、重要、愛、良善、勇氣、友誼、家庭。我們都是人類。

最重要的是，我相信這些人終於稍微知道、了解他們的生命很重要，想活出充滿目的、重要意義的生命，永遠不嫌晚。我看著他們坐得更正、跟彼此互動，放下身為囚犯的角色，展現自己脆弱、真實的一面，為自己的舉動負責。但我私心認為，這一天也改變了我，對我來說也很重要。

那天，我選擇飛三小時，再開三小時的車，去看看那些隱性的事物。我從沒站在兩百名殺人犯、強暴犯、竊賊、毒品交易者前面過。在我幼稚、充滿偏見的想法中，犯罪的人「與我無關」，這些懲罰是罪有應得，越多越好。他們犯大錯，應該付出代價。我自己成為所有青少年偏差、成年人罪犯的法官及陪審團，但那天，一切都改變了。

這就是看到隱性事物的後果。它讓你變得更好。讓你成為更好的人，因為你內心的愛、惻隱之心、同理心被帶了出來。我看到的不再是被定罪的殺人犯，而是一位二十一歲、沒有父親的年輕人，每天被母親的男朋友毒打。我看到的不再是幫派分子，而是一位十九歲的男生、無家可歸，沒有歸屬感跟認同、一直到進了幫派，才找到家的連結與意義。在這些例子當中，我發現他們為自己出生之前所犯的罪行付出代價，後來他們的錯誤選擇，只是他們出生之前一系列錯誤選擇的一部分。這並不是要為他們所做的行為找理由，他們也並不要這些理由，這只是能夠更了解這些人，不管我們承不承認這一點，他們是我們共同的「我們」的一部分。

在我去教養中心的幾週後，我收到來自克里斯的另一封信。信中除了謝謝我給他的驚喜，他想要跟我分享對來他說非常重要的一個時刻。我對那群人演講完之後，克里斯過來，向我自我介紹。我跟他聊了一下，把他介紹給派蒂，然後我就被拉去跟其他囚犯講話。這就是那個克里斯說的特殊時刻。他寫到「你太太抱了我一下，跟我說我是『好人』，你展現出對我的信任。一個被定罪的殺人犯。你相信我，所以讓我跟你生命中最重要的人講話，而沒有緊盯著我，我不知該如何表達我的感謝。」

我讀著他的信，發現他是對的。我並沒有將克里斯視為殺人犯，我視他為另一個人，一個人類，就像我一樣。這只是唯一存在的標籤。派蒂並不知道他是誰，或者他做過的事，便跟他說他是「好人」。這不是很棒嗎？

克里斯後來被移到別的監獄，但我那天在斯塔福德克里克教養中心也交了另一位朋友。他叫馬修，我們每週通電話。馬修因為殺人，已入獄十八年，刑期還剩十七年。他犯罪的時候十九歲。馬修是我至今為止，所認識最善良、最有愛心、最能激勵人的朋友之一。我有許多很棒的朋友，所以你可以想像馬修有多棒。我跟十八年前的我已經是不同的人，馬修也一樣。他帶領斯塔福德克里克教養中心的修復式正義項目，在他期滿之後，他想要一起將希望、目的、有意義的訊息帶給全美國的監獄。

馬修讓我成為更好的人，塔福德克里克教養中心讓我成為更好的人。克里斯的信讓我成為更好的人。他們可能在你身上也會達成一樣的效果。不管你接不接受，我們的文化、我們的社會是由各種一點點所組成。這代表著每一個人，不只是那些符合我們想像的某種樣子的人。畢竟，如果我們夠仁慈、夠有勇氣去承認，我們不都是不完整的嗎？這也只是我們共同點中的其中一點。

什麼是你避之不見的那種隱性的東西？我們應該真正的、以「我們」的角度看看生命，因為我們都是「我們」之一。一起，我們就會成為更好的人，創造出更好的世界。

採取行動

當你承諾以「我們」的角度看世界，你會看到許多我們相互聯繫的特點。這不表示我們看不見差異、因為在我們的差異之中存在著美麗。這就是生活的驚豔之處，文化、信念、飲食、土地、音樂等等交織而成。但誠實面對自己：你是否擁有某種偏見，或者帶著評斷，讓你無法去服務某種需求，或是某些人呢？可能你認為流浪漢沒有價值、很惹人厭、他們自己要當流浪漢，可能，像我一樣，你認為在少年輔育院的小孩都應該待在裡面，可能有毒癮問題的人怪不得別人，責任都在自己。挑選你的偏見，選擇成為良善之人。選擇去學更多，去了解更多，去服務。記得，這些「隱性」的人也需要覺得他們重要。就跟我們其他人一樣。

日記提示

我們要抱怨自己的社區或者文化，很簡單，我常看到有人抱怨，特別是在公司或組織裡。人們總愛抱怨他們企業文化有多糟，我總是回說「那你想做出什麼改變呢？」我們每一個人，都是在數種社群、文化裡面的主要成分，我是我公司文化的一部分。為什麼？因為我在那裡工作。並不是說文化在哪裡，我就在哪裡，不。我就是文化，文化就是我。在社區、家庭、網球俱樂部、城市，都是同樣道理。我們對於想成為的社區、文化，都要負一樣的責任。

所以列下一些你所在的不同文化、不同社群，並寫下三種你能夠正面的影響這些社群的辦法。在這些社群裡的時候，可以跟你社群裡的成員分享你的計畫，並請他們做一樣的事。這就是我們能夠以較大的規模，發揮影響的方法。

談話範例

你不喜歡你身處的社群哪一點？很好。那你想要做什麼來改變呢？

14 慷慨以待——感激並付出

因為在施予他人時，我們有所得。

聖方濟各

我太太全世界最喜歡的兩個靈魂，就是她爸爸，以及我們拯救的三隻小貓其中一隻，魯斯特。我當第三名，覺得很安全，也覺得不必去爭這個排名。但遺憾的是，在我認識我太太之前，她爸爸維克多在十八年前就過世了。如果我能見到我太太心中的第一名，那該有多好，但我又感覺彷彿已經認識他。

維克多愛他的家人，尤其是派蒂。她是老么，也是家裡最疼的那個。她也遺傳到她爸爸的大耳朵、糟糕的視力，也就是說她跟爸爸一樣，年紀小小就戴厚厚的眼鏡。他當過船員，在軍中服役、在航空母艦上工作。他身材不高，但極愛吵架，愛爾蘭與蘇格蘭的血液在他血管中流動。我太太甜美可人，拳頭極小無比，也從爸爸那邊得到愛生氣、尖銳的言語。我跟別人講的時候，都沒人相信我，他們總說：「派蒂？怎麼可能？她人超好的。」是真的。

跟她爸爸一樣，派蒂在成長過程中有吵不完的架。從她因為大耳朵、厚鏡片、瘦竹竿般的身材被霸凌開始，但那些小朋友很快就學到，派蒂雖然拳頭小，但她不畏懼、也充滿力量。當她長大後，她對於那些受到欺凌的人很敏感，也保護他們，經常出手揍那些霸凌者。每一次打架，就會召開親師會談，而她爸總是說：「聽起來，那是他們應得的。」真是讓人驕傲的爸爸。幸好她現在不再出手揍人，她也善用她「為弱小發聲」的天職保護動物，成為純素主義者，然後魯斯特排第二。

但她心中的第一名所做的一件事常讓她抓狂。維克多常把東西送出去。如果派蒂問她爸爸是否有看到什麼東西，他會說：「我把那個給了街上的男孩。」或者：「妳知道，肯尼叔叔現在剛好需要這個。」有一天，當派蒂在車上等時，她爸爸進一間店，出來時只穿一件T恤，但他進去的時候明明穿著一件運動衫。她問：「爸，你的衣服呢？」「派蒂，那邊那個小孩比我更需要衣服。」他真的從身上脫了件衣服給別人。我真的很佩服。

我覺得這樣的特質很特別。有許多原因。首先，麥爾肯家族其實並不富有，他們的確不窮，但不管怎麼說，他們也不是所有東西都買兩樣。第二點，我相信麥爾肯先生因為給予，獲得許多快樂，使他容光煥發。他充滿感激、不吝給予，這就是他對他的社群的貢獻之一。一位貼心的人，到處尋找能夠給予的機會。我真希望我能親自看到這一幕。

有點諷刺的是，派蒂剛好嫁給跟他第一名很像的人，也就是第三名的我。不，我不是身材不高，但極愛吵架，恰好相反。不，我也不是愛打架的人，我這輩子從沒揍過人。但不吝給予、大方？說對了。我可憐的太太問一樣的問題，仍然聽到一樣的答案，我說：「寶貝，我們的管家瑪塔真的很喜歡，所以我就給她了。」「寶貝，我在店裡遇到這個小孩，所以……。」

但我會這麼慷慨，也不是我一個人的功勞，因為我得來全不費工夫。我記得祖父在弗雷斯諾到處開著他的雪佛蘭 El Camino，裝滿一箱箱蘋果，分送給親友，甚至陌生人。我記得我祖母告訴一個睡在公車站牌長椅上的流浪漢，等她回家帶晚餐給他吃，那是她花許多時間和愛所煮的晚餐。這樣的慷慨精神傳染到下一代的艾莫茲安跟馬頭恩家族。我的叔叔仍然常送東西給晚輩，以及送給他們的社區。我爸為無數間非營利組織的董事會服務，為他的家人、社群貢獻了時間、能力跟珍貴的東西。我媽經常找需要服務的地方，也曾經為許多與疾病對抗的親友、家庭煮飯、送餐。她也經常偷塞一兩張二十元的鈔票給我和哥哥，說：「噓，不要讓爸爸知道。」但其實他早就知道，而且覺得沒關係。

我跟派蒂於二〇一三年八月十日結婚，那是我們人生中最美好的一場婚禮，也是特別的一天。感謝慷慨的嘉露家族，讓我們能夠在加州聖伊內斯布里德沃酒莊結婚。二〇一三年也是我決定將「每個星期一都重要」從營利組織轉變成為非營利機構，也就是說那年我們的經濟壓力都很大……。非營利組織的第一天，通常是零捐款，因為剛起步的非營利組織，通常沒有人要捐款，但因為我爸爸在嘉露酒莊工作四十七年，我們藉由「每個星期一都重要」為嘉露酒莊舉辦的員工日，以及我們跟嘉露家族的長期友誼，他們願意無償提供酒莊讓我們辦婚禮，酒也包含在內。真是太大方了，而且跟我們原本想的那種實際的後院婚禮比起來，真是大大升級。

我們沒辦法立刻去度蜜月，因為必須先存夠錢，但三年之後，我們踏上夢幻的蜜月旅程，去哥斯大黎加的瓜納卡斯特省。派蒂在VRBO網站上找到一間很棒的房子，主人是山姆跟瑪麗，現在是我們的好友。我們待了八天，看著後院樹上的猴子、在靠太平洋的無邊際泳池上漂浮、高空滑索、騎全地形車、穿越河流、在水晶般清澈的海裡游泳、看著數千隻欖蠵龜被海浪沖上岸產卵，那個景象我們永難忘懷。

我們在哥斯大黎加進行了許多緊張刺激的活動，但在整趟旅程中，最重要的是，我們認識了尤亞尼跟莫琳，他們是一對近三十歲的年輕當地情侶，負責管理山姆跟瑪麗的房子，還有其他幾間在農地上的房子。這座農地最驚人的地方是，裡面房子完全就像《建築文摘》裡的那個樣子，但其實坐落於鳥不生蛋的地方。為了到那個房子，我們從機場得開兩個半小時的車，最後一個小時開在崎嶇不平的泥土路。更糟的是，路上完全沒有燈，一片漆黑、塵土飛揚。我們必須開過好幾條小溪、經過六十分鐘顛簸的路途，腦筋都已經攪成一團爛泥。我記得我跟派蒂說：「我覺得這應該就是『神鬼認證』裡的傑森·包恩退休後住的地方，再也沒人找得到他。」

這就是尤亞尼跟莫琳出生、長大的地方。不是那個農地裡有一百八十度太平洋景色的建築，而是在聖胡安尼洛的煤渣磚，藍色帆布漁村，擠一點的時候甚至可以住到兩百人。尤亞尼的媽媽做各式各樣的工作，好支持這個大家族。她賣過酸橘汁醃魚、蝦子或龍蝦的尾巴，要看早上捕到什麼魚。她賣過摩托車燃料，從舊的洗衣精瓶中倒出來。大概每個小時，都能看到一家四口擠在一輛摩托車上。尤亞尼的姊姊是當地一間小餐廳的廚師，尤亞尼跟毛琳管理房子，也就是說他們歡迎住客、清掃閣樓的鬣蜥、打掃整個家、並修補所有壞掉的東西。他們兩家人都「以一整個村莊」的精神來經營，所以運作得很好。他們以哥斯大黎加的標準來說，過得很舒服，在物質上很簡單，但心靈充滿愛、喜悅、Pura Vida 那種純粹精神。

我們沒多久便喜歡上尤亞尼、莫琳跟他們的家人。我們請他們一同到家中用餐、每天花數小時一起冒險、完全投入他們生活的方式，簡單、純粹、愛、清新。有天晚上，我們坐在泳池邊，派蒂問尤亞尼跟毛琳是否有打算或討論到結婚。他們已經在一起好幾年，是一對很可愛的情侶，我們覺得應該也差不多了。因為我們當時在度蜜月，所以有那個勇氣詢問。尤亞尼有點難為情，說他們不急，因為目前還付不起他們想要的婚禮。當然，我們也很了解這種處境，我們也鼓勵他們慢慢開始、讓宇宙幫你。我們就是這樣過來的。我們也向他們保證，不管婚禮辦在哪，都會是很棒的一場婚禮。換句話說，別等。

然後，派蒂做了一件讓人難以置信的高貴舉動。她看著莫琳大大的、杏仁形眼睛說：「莫琳，妳如果準備好的話，我的婚紗可以給妳，如果妳願意的話。」一瞬間，派蒂跟莫琳因為喜悅而哭泣，並相擁。尤亞尼有點嚇到說不出話來，發現他們離婚禮又更近一步了，我們所有人也慶賀派蒂的善心以及他們未來的婚禮。我們隔天便離開哥斯大黎加，但答應很快就會再過去。我們現在在那邊有了家人，在淚眼汪汪的道別、退房、還鑰匙後，馬上開始想念他們，

我們從哥斯大黎加回家後，充滿幹勁。派蒂好像成了哥斯大黎加觀光局的員工，如果你見到她，或者追蹤她的社群軟體，就會看到、聽到滿滿的哥斯大黎加。她整個人被迷住，也跟莫琳建立起非常有意義的友誼。兩個女人，身處

不一樣的世界，也有言語上的隔閡，但那種友誼，是我在派蒂身上從未見過的。

我跟派蒂說，她對莫琳的幫助，是我此生看過最美妙的舉動之一，我也覺得這樣做很性感，但我們現在就先討論慷慨的那一面。在那一刻，派蒂給了這對年輕情侶希望，向他們展示深深的愛與支持，莫琳臉上的光采真是無價。因為派蒂在美國的電視台工作，她在哥斯大黎加很受到歡迎。我們都笑說她在聖胡安尼洛的演員生涯會很出色，也有許多粉絲。而且，派蒂在我們結婚那天，看起來驚人的美，穿起婚紗更是。我覺得莫琳有點被派蒂迷住了，因此能夠穿著她的婚紗，充滿吸引力、讓人激動。真的很棒。

派蒂跟我說：「寶貝，我在我人生中最重大的一天穿過那件裙子，我們也因別人的慷慨，辦了夢想的婚禮。我想要用很小的方式，傳遞那樣的祝福，我希望莫琳在她結婚的那天，能夠跟我一樣開心、漂亮，我毫不考慮。」

至今，我仍然為派蒂做的事情感到驕傲，並非常喜歡。每當她發現我又送東西給別人時，我會說：「寶貝，那妳最近有看到妳的婚紗嗎？」她會說：「沒有呢，我在哥斯大黎加認識了一個女生，希望她結婚那天能夠有那件婚紗穿。」

派蒂跟莫琳的友誼持續發展幾個月之後，我爸決定他八十歲生日時，要在哥斯大黎加辦一趟家族旅遊。派蒂當然特別興奮，我們等不及要跟我們在哥大的家人團聚，也帶我們的家人看這個世界上非常特別的地方。在離我們去哥斯大黎加慶祝我爸八十大壽的一週前，我們接到一通莫琳打來的視訊電話。電話來的時候，我跟派蒂正在家裡放鬆、吃晚餐、喝紅酒。派蒂立刻接了那通電話，他們就在另一頭，莫琳跟尤亞尼，向我們展示莫琳的新戒指，邊尖叫。「我們做到了，我們訂婚了！」派蒂跟我開心得從餐桌上跳起來慶祝，我們四個透過視訊一起感到開心。我真的相信派蒂的協助，讓這件事情動了起來。我非常驕傲，無比開心，這就是那種我們應該更常享有的那種生命中的特殊時刻。

這也代表這另一件事：該打包婚紗了，因為我們要將婚紗帶到哥斯大黎加。

我、派蒂和我爸媽一起飛到哥斯大黎加，我哥哥一家幾天之後才會南下，所以我們租了兩台大的SUV。在哥斯大黎加記得要訂四輪傳動的車。我們四個降落、領取行李後，就搭乘接駁車前往租車中心。

我媽跟派蒂看管行李跟禮服，我跟我爸辦理租車手續，但他們沒有大型的SUV。真不巧。我們四個人帶了四個大行李箱、四個手提行李，一件禮服。中型的SUV載不下我們帶的所有東西。當然，我想得沒錯，所有東西都塞進去了，除了那件禮服。

櫃檯的小哥帶著哥斯大黎加的風格說：「沒問題，我們會幫你付計程車錢，帶著那件婚紗開在你們後面。」也就是說，有位可憐的司機得花兩個半小時、駛過顛簸的泥土路、開過小溪、一片漆黑、還得開在我們車後揚起的灰塵，才能抵達那間房子。「Pura Vida！」他們說：「沒問題的。」因此我們就出發了。四個人跟我們的行李在一台車上，婚紗跟在我們後面，有點像是喜悅的靈車。

幸好我們一家跟婚紗都安全抵達農地，因為莫琳跟尤亞尼要來拿這件婚紗，我們精心規劃了一個夜晚。有著哥斯大黎加絕美的日落，他們的日落大多時候都很美，我們在後院的泳池邊放鬆，遠眺叢林跟諾薩拉河、聆聽環境中的鳥鳴跟猴子的聲音，凝視廣闊的海洋。天空的顏色有如火焰燃燒，帶有橘、黃、紅、洋紅。背景播放著「新娘來了」的音樂，派蒂手上拿著香檳，帶著那盒婚紗走出來，讓莫琳打開、首次摸到她的婚紗。婚紗抵達，並交給新的主人，而她充滿喜悅、情緒激動。我們都笑著、哭著、歡慶、祝賀這對準新人。

這個慷慨的舉動、愛與友誼的故事歷經一年。回想到派蒂當初提議要給莫琳的那個特別的晚上，感覺真的很棒。但是故事並沒有因此結束。莫琳跟尤亞尼告訴我們，他們即將在十二月辦婚禮，剛好是四個月之後。在交給她婚紗的那個時刻，莫琳跟尤亞尼給我們更大的禮物，就是邀我們成為他們婚禮上的證婚人。意義非凡。

四個月之後，我跟派蒂又回到哥斯大黎加，參加尤亞尼跟莫琳的婚禮。

他們邀我們參加結婚典禮、並在會議中坐家庭桌。他們甚至在婚禮開始前十分鐘，告訴我們，我們是他們的伴郎跟伴娘。如果我們講祝賀詞，但沒人聽得懂，實在有點搞笑。莫琳走上紅毯，穿著派蒂的衣服，容光煥發。她甚至請派蒂幫她梳化妝，所以他們看起來非常像。尤亞尼在祭壇前面，等著莫琳走向他。他轉過頭看著我跟派蒂，滿臉笑容，發出無聲的「哇」。

我感受到的情緒難以描述，但婚禮每一刻都非常完美。人生摯友，因為善意的舉動跟一件婚紗而維繫著。Pura vida。

有什麼東西，是你緊緊抓在手中，但對別人來說是珍貴寶物嗎？我不一定指的是像婚紗這種非常有感情的物品，但我也可以跟你解釋為什麼這樣的東西也行。像是鞋子、包包、西裝、家具、嬰兒床、舊手機，你覺得呢？我們傾向於抓住各種東西，我們寧願每個月付一百塊，把這些東西儲藏在某些地方，某些我們知道我們再也不會看到的地方，而不是把這些東西送給那些會珍惜並愛護這些東西的人或者家庭。感激自己所擁有的，但送給別人，會得到更多啟發。

同時，我經常回想像是「婚紗行動」這樣的經驗，想想那些應該先發生的事情，好讓故事能夠順利前進。那幾天、那幾週、那幾個月、那幾年。故事裡面的人或者角色。具有意義的不同事件及地點，不同的語言跟國家。我最常想到的是成就所有事情的基礎、慷慨的精神。這是一個從頭到尾都跟給與有關的故事，我們都心懷感激。

當我們所有人都充滿感激、願意給予，我們能夠使他人夢想成真，那就是一個活出生命的一生，以及好好服務的世界。

採取行動

你上一次檢查衣櫃，誠實盤點究竟有多少東西是你不需要或者不再使用的，是什麼時候？如果你最近才剛做，很不錯，可以再盤點一下你的車庫。如果你最近沒有盤點衣櫃，開始前先幫自己訂下規定。例如：「如果我過去六個月都沒穿這件衣服，就必須捨棄。」或者「一樣的款式有兩件，其中一件就得捨棄。」五雙黑色靴子跟八個包包，真的沒有必要。但你的規則是自己訂的，所以我就閉嘴吧。有了規定之後，就去整理。記得，你的衣櫃裡面有很多東西，都會是別人的寶物。

以「我們很重要」的角度看人生，最棒的一點是，你將會體認到，你有這個力量及能力，去改變你可能不會遇到的人的生命。某天，可能會有人穿著你的西裝去面試新工作，有一天，有個小孩能夠上學時穿著沒有破洞的鞋子。這就是慷慨文化的力量。恭喜你，能夠改變別人的生命。

日記提示

別人曾經為你做過最大方的事是什麼？你的感覺如何？那有影響你成為更慷慨的人嗎？

談話範例

你認為我們怎麼做，才能成為更慷慨的社會？

15 保持開放——學無止境

每個人都有自己的故事，從每段經驗，都能學習。

歐普拉

在洛杉磯國際機場的任何一個航廈的出境區停車，都有點危險，並讓人不快。我只能說：「人跟車都太多，空間太小。」我一點也不喜歡這樣的模式，所以總是在最後一首安可曲之前離開音樂會。最後一首歌不值得讓我困在停車場一小時，我是這麼想的。

這趟去洛杉磯國際機場之所以更加刺激，是因為我從來沒見過那個我要迎接的人。我們通過幾次電話，但從沒見過面。她叫特雷萊·全特，而她的故事值得傳頌。從我在網路上看到她的照片跟影片，我知道我接的這位女士活出精彩的生命。我大概花了十分鐘在機場旁邊繞了一圈，又回到機場時，我馬上就看到特雷萊。她穿戴傳統辛巴威的頭飾與服飾站在那裡。顏色華麗，有著各種圖騰，往各種方向去，創造出一種具力量、風格、勇氣的個性。我把車停在她前面，並跳下車接她。

特雷萊再幾個小時，就要再次回到機場，所以我們到附近的飯店大廳找了張桌子，開始進入正題。驚人的是，就在短短的時間內，我感覺好像已經認識特雷萊一輩子，感覺也好像她已經活了幾千年，不是因為她的外表，而是因為她的智慧，以及她講話的方式。她的辛巴威腔非常重，因此她發R的音會彈舌，某些字的發音也不大一樣。她講話的音調跟南方的傳教士有點像，就好像每個字都帶有影像跟生命。她好像有魔法能夠引人注意。

特雷萊成長於辛巴威的茲維巴尼村莊。她無法受教育，但她的兄弟可以。

在他們的文化裡，女生是用來結婚、生小孩，而男生要成為男人，負責養家。特雷萊告訴我，她會借她兄弟的書在家自學，因為她知道唯有教育，才能讓她走出自己的生命。很顯然，她年紀很小的時候，就知道她心中想要學得更多。特雷萊十三歲的時候，父親將她當作童婚新娘賣了，以換取一頭牛。她十八歲的時候，已成了三個孩子的媽。

幾年後，特雷萊遇到國際小母牛組織國際事務組組長，這是一個旨在終止貧窮與飢餓的全球非營利組織。那人問特雷萊的夢想是什麼，她說她想移民到美國、獲得學士學位、碩士、最後讀博士。她的第五個，也是最後一個夢想是回到家鄉，替女孩、女人蓋學校。特雷萊的母親告訴她，如果她將夢想寫在紙上，埋在土裡，她的夢想就會成真。

她的母親對極了，特雷萊三十幾歲的時候搬到美國，追求並完成她所有學業上的夢想。她剩下的夢想就是回家、建學校，而當她出現在歐普拉．溫芙蕾的節目時，她的夢想實現了，歐普拉給她一百五十萬美元，讓她回家建學校。

我在那個機場飯店大廳，聽得下巴都快掉到地上了。我思考應該回些什麼。我知道特雷萊是個特別的人，但沒想到會聽到這樣的故事。令人欽佩的精神，令人讚嘆的靈魂。

我與她分享我的故事，特雷萊坐了一會，說：「這就是為什麼我們應該見面。你幫助別人知道他們很重要。」她說「很重要」的音調強烈。她接著說：「我很重要，你很重要，我們都很重要。這樣的信念在許多非洲文化裡都存在，叫 Ubuntu。」

她解釋：「Ubuntu 的意思是我與你同在。」「我們因為彼此而存在。」「我的存在很重要，因為你的存在，反之亦然。這跟你傳遞的訊息一模一樣，多美妙。」我們兩小時的會面頃刻即逝，是時候將特雷萊送回機場，但我們都知道，這只是一個開始，特別的事物將會到來。

在遇到特雷萊的幾年前（我現在稱她為「維他命 T」），我因為兩個年輕男孩，有幸學習到非洲文化。在我焦慮症跟憂鬱症的治療過程，丹尼斯鼓勵我接觸宗教。據說，亞美尼亞是第一個基督教國家，也有人相信諾亞方舟就在現今的亞美尼亞的某座山上。但在我家，我們相信應該友愛鄰居、己所不欲，勿施於人，因為這是對的事，而不是因為我們的信仰。

丹尼斯要我想得更遠一點。為了讓我了解我所過的生命，並不只是在於我自己。我開始上教堂、讀聖經、讀偉恩．戴爾、第十四世達賴喇嘛、戴斯蒙．屠圖、艾克哈特．托勒、迪帕克．喬普拉等著名心靈導師的書。在這樣的探索裡，其中一面就是，我開始不再執著於控制，並且承認或許，只是或許，有更大的力量在掌管這一切。我也變得更謙遜，重新與人性連結。焦慮與憂鬱症讓我的生命縮小了，我感到非常孤獨、遠離所有人事物。這些學習，都讓我感覺到我存在於一個大的群體，跟 Ubuntu 還有「我們很重要」想傳達的訊息一模一樣。

某個週日，我在教會看到咖啡廳的告示上面寫著「徵接待員」。烏干達的一個兒童合唱團要來洛杉磯表演，在找一些負責在洛杉磯照顧這些兒童的接待員。我立刻報名，也迫不及待他們的到來。

短短兩個月之後，我開車到教會去見我的新朋友，喬瑟夫跟艾德溫，分別是五歲跟七歲的男生，都是孤兒，因為內戰及愛滋病失去家人。合唱團裡的一名領隊也分到我這裡，他們叫他叔叔。

我跟我的客人相處了五天，帶他們到洛杉磯各個地方玩。很明顯，他們不習慣這些東西，明亮的顏色、大分量的食物、電影院、吵雜的人車。但他們非常享受每一刻，我也覺得很新奇。

在他們行程結束前，我給兩位男生上面寫著「你很重要」的T恤，問他們是否知道是什麼意思。當然我們有著語言隔閡跟文化差異，所以我讓這兩個男生了解那是什麼意思。他們好像聽懂了。我問他們：「為什麼你很重要？」喬瑟夫說：「我很重要，因為我喜歡跳舞，大家喜歡。」沒錯，我跟他在一起的六天，喬瑟夫跳個不停。他在吃晚餐、刷牙、我們在看電視的時候都在跳舞，就像是台跳舞機，每次看到他跳舞，我都微笑，由衷的開心。艾德溫說：「我很重要，因為有一天我會改變我的國家。」

這兩個男孩雖然是五歲跟七歲的孤兒，但他們非常了解自己為什麼重要。那應該就是我第一次認識 Ubuntu，因為在那一刻，我思考自己要如何回答那個問題，這個我從來沒問過我自己，或者其他人的問題。我因為你存在。我們，因為我們。我們很重要。

特雷萊，喬瑟夫跟艾德溫對我的人生都有重大的影響。他們讓我看到這個世界上更大的互相連結。生命真的是「我們」的事，就算「我們」身處世界兩端。特雷萊成為歐普拉最喜歡的客人，出了三本書，在世界各地演講，分享她的故事，真正創造出我們的世界。

對喬瑟夫跟艾德溫來說，我應該是那一週帶給他們幫助的人，但到後來，他們給我好多快樂，讓我回想自己的人生。他們讓我看到，有可能根據物質上的標準，你一無所有，但仍活出美麗的生命並充滿喜悅、信念、信任。但最重要的是，他們讓我認識派蒂。因為在他們的音樂會之後，我在販賣桌上買了一條非洲的項鍊，送給站在我旁邊的美麗女子，現在我已經跟這名女子共渡十年時光。

「嗨，我是馬修。我買了這個給妳。」

「嗨，我是派蒂。」

採取行動

讓自己沉浸在新的文化，接待國際交換學生、去旅遊，到一個你可以體驗新文化、或者到那個學生的國家。上網搜尋並學習當地文化，參觀當地文化博物館或展覽。跟某個在國外長大的人見面，邀請他共進午餐，問他們是如何成長、他的文化、信念、人生課程。舉辦國際聚餐，請大家自帶一盤料理，規劃時間讓大家分享他們或者爸媽的家鄉。以開放的心態學習，記得「Ubuntu」。我們因為彼此而存在，所以我們要多跟彼此學習。

日記提示

特雷萊的母親想要你做一件跟特雷萊一樣的事。寫下你的夢想，寫五個，並寫兩遍，一遍寫在日記上，在下一頁再寫一遍。留著第一頁，好讓你重新檢視自己的夢想、追求夢想的時候可以加註筆記。但我們也來點好玩的。撕下第二頁，並把紙埋起來。對這就表示你應該走到院子，挖一個洞，儘管去做吧。把你的夢想種子埋在土壤，才能長大、成真，就跟維他命T的夢想一樣。

談話範例

你想去世界上的什麼地方旅行呢？當你在那裡的時候，想學到的東西是什麼？

擁有它

謝謝你。

謝謝你花寶貴的時間，跟我走完這趟旅程。我銘記在心，我要你知道，這對我來說很重要。如同我在開頭所講，我最終的目標，是幫助你了解你有多重要，以及你為什麼重要。

我希望，不管對你的影響是大是小，我都會協助你接納這件事情。但我也很實際，我知道這樣的事情需要一些努力。我們不會一夜之間就知道我們在人生當中的位子，可能需要一點時間去改變位置，或者做出轉變。你現在知道，我花了好幾年。我並不是要嚇你，因為那些年雖然過得很辛苦，但是我人生中最棒的幾年。想活出生命、活出光采，要先具備意識。遺憾地，有許多人並沒有這樣的意識，他們的人生幾乎是麻木的、像無頭蒼蠅，也不健康。我曾經是那樣的人，或許你也是。但好消息是，我們都能改變，而且你已經在改變的路上了。

不管你有沒有意識，你一直都知道自己很重要，而且我有證據，就是你現在正在讀這些字。如果你不知道你很重要，你就不會想要尋找更多。你不會相信有更多的可能；你不會覺得你值得更多。但你過去知道，你現在也知道，這就是這世界上對我來說，最能鼓勵我、最鼓舞人心的想法了。

所以我要恭喜你，能夠更加意識到你有多重要，以及你為何重要。我希望這個「我很重要」「你很重要」「我們很重要」的框架能夠帶給你基礎，讓你在人生中能夠透過這樣的濾鏡看世界。我每天會以兩種方式使用這個框架：

首先，它使我知道我在這個世界上的位置。

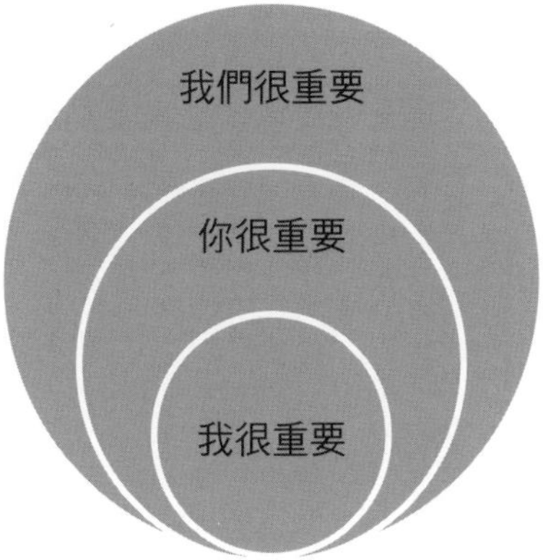

我很簡單的把「我很重要」視為內圈，我們內在的工作，「你很重要」是旁邊的一圈，這就是我們能夠向外擴張、影響我們周遭好友的能力。再來，我將「我們很重要」視為更大的圈，讓我們能夠與更大的事物連結，了解我們共同的力量將會有多大，而且我們都是人性之下的、同等的一部分。不過，在此同時，在整本書裡面的某些部分，這些界線不是那麼清楚。我們什麼時候會在「我很重要」、而不是「你很重要」？或者「你很重要」感覺跟「我們很重要」

很像。我完全懂為什麼你會有這些疑惑，也知道原因，看看以下的圖表是否有幫助：

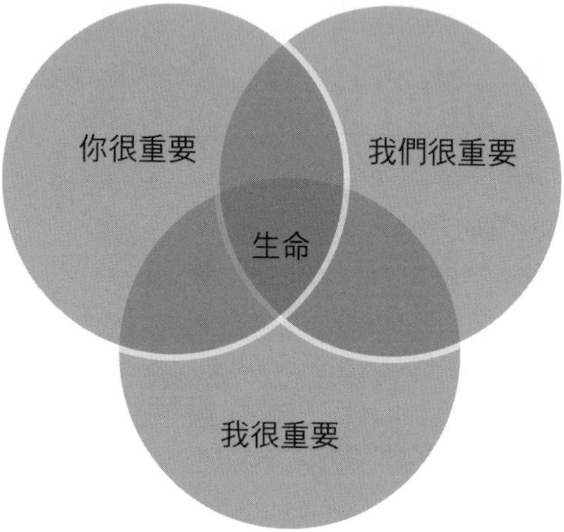

我相信這三種觀點互相重疊，我們每天都在這些觀點之間移動。我們並不是在同一個地點，也不用停在同一個點。這些觀點分開，並不如合在一起來得有影響力，我也就想到了中間的交集，所有觀點的重疊之處代表生命。我相信這就是我們活著的意義，持續、不斷的跟「我」「你」跟「我們」產生連結。

這就是我們設定界線、照顧自己、決定價值的地方。

這就是我們接受自己的力量，能夠在日常生活影響他人的地方。

這就是我們與他人一起，為他人而改變世界的地方。

這就是我們如何在美好的世界活出美好人生，充滿希望、目的、承諾、愛、同理心、良善、快樂、意義、重要。

這就是我們最終接納自己很重要，以及重要的原因。

我在二〇一九年春天畫出第二張圖，做為本書的結尾，也就是在我崩潰的近二十年後。在那一刻，為什麼我說「我很重要，但這不只是跟我有關。」就完全說得通了。

我跟派蒂在第一次哥斯大黎加之旅認識莫琳跟尤亞尼的時候，我看著莫琳說：「妳很重要。」她立刻回我：「我知道我很重要，我對我的家人、朋友、社群、我的神而言都很重要。」

這是我第一次，也是唯一一次聽到別人回答「我知道我很重要」並立刻分享原因。所以現在，我要跟你說最後一次「你很重要。」我希望你已經準備好說「我知道我很重要。我對……很重要。」

我想要以我每一場演講的結尾，來結束這本書。我希望你站起來，不管是獨自一人，或者跟別人一起，驕傲的、大聲的完成並分享以下敘述：

我的名字是：__________

我很重要，因為：__________

希望這成為你新的使命宣言，你生命的責任，擁有它、感受它，從今天開始，在活著的每一天，你都能認知到你有多重要，以及接納自己為什麼重要，因為你真的很重要。

我們一起，就能改變自己的生命，改變他人的生命，以及改變全世界。

你很重要！

馬修・艾莫茲安

國家圖書館出版品預行編目（CIP）資料

你很重要:練習愛別人，才能更愛自己／馬修·艾莫茲安（Matthew Emerzian）著；陳冠吟譯 . -- 初版 . -- 臺北市：遠流，2020.04
面； 公分
譯自：You matter

ISBN 978-957-32-8750-6（平裝）

1. 自我肯定 2. 自我實現

177.2 109003018

你很重要
練習愛別人，才能更愛自己

作　　者：馬修 · 艾莫茲安（Matthew Emerzian）
譯　　者：陳冠吟
總監暨總編輯：林馨琴
文字編輯：楊伊琳
特約編輯：黃怡瑗
行銷企畫：趙揚光
封面設計：張士勇
內頁排版：王信中
發行人：王榮文
出版發行：遠流出版事業股份有限公司
地址：100 台北市南昌路二段 81 號 6 樓
郵撥：0189456-1
電話：2392-6899　傳真：2392-6658
著作權顧問：蕭雄淋律師

2020 年 4 月 1 日　初版一刷
售價新臺幣 320 元
ISBN　978-957-32-8750-6

遠流博識網
http://www.ylib.com　E-mail:ylib@ylib.com

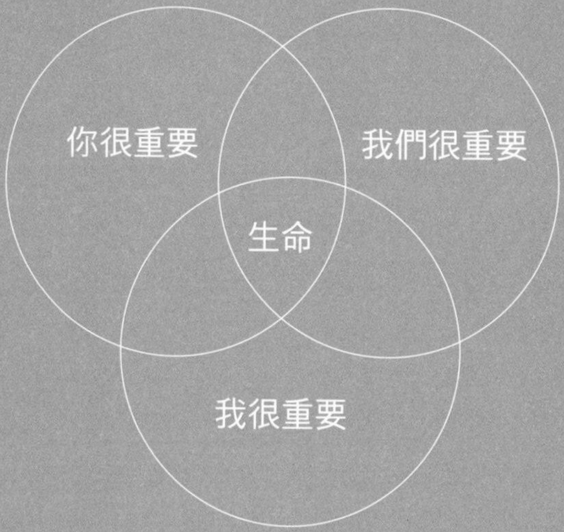
你很重要
我們很重要
生命
我很重要